子供を東大に入れる ちょっとした「習慣術」

和田寿栄子

祥伝社黄金文庫

『子供を東大に入れる母親のちょっとした「習慣術」』改題

母の「家庭教育」が私の原点

和田秀樹《わだひでき》

本書は私の原点ともいうべき、私の母の「家庭教育」についての考え方を、母自身が書き下ろしたものである。

おかげさまで母が育てた私たち兄弟は、世間的にみれば、成功者の部類に入る人生を送っている。私は東大卒の医者をやりながら、教育産業や文筆業で一通りの成功を収めているし、年子《としご》の弟は、東大在学中に司法試験に合格して、法曹人になった。

また、昨年（二〇〇七）は私の長年の夢だった映画監督デビューを果たし、「受験のシンデレラ」を発表した。受験に対する私の思いを映画という形でまとめた本作は、第五回モナコ国際映画祭で四冠を達成した。

私は、これらの成功のルーツは、いわゆる遺伝や才能ではなく、「母の家庭教育」にあると信じている。

以前、同じ祥伝社の新書から『マザコン男は買いである』という本を出したことがある。そこでは、「いいマザコン」と「悪いマザコン」について触れたのだが、私は自分のことを「いいマザコン」だと自負している。母親の愛情をいっぱい受けてきたことで、確かに母親思いで、親から受け継いだ価値観から離れられないところがあるが、親を喜ばせるべく上昇志向が強いし、逆に親を泣かせることが怖くて悪いことができないというタイプの人間である。

私だけにかぎらず、人格形成やものの考え方についての母親の影響は、やはり大きい。フロイトも母親の愛情をいっぱいに受けた子は「一生、征服者の感情を、しばしば本当の成功を引き起こす原因となる、自分は成功するのだという確信を持ちつづける」と語っているが、私が相当野心的に、あれやこれやとチャレンジをつづけることができるのも、母親の愛情のおかげと言える面が小さくない。

というのも、私たち兄弟は子供のころから順風満帆《じゅんぷうまんぱん》に育ってきたわけではないからだ。私は勉強はできたが、学校では不適応なことが多く、いじめも受け、友達が少なかったし、弟は多少は学校の適応はよくても、小さいころは体が弱く、小学校低学年のうちは勉強もままならず、多少立ち直ったといっても中学受験にも失敗している。

それでも、子供の能力を信じ続け、「欠点のない子」や「みんなと同じ」を求めず、秀でたところを伸ばしていけばいいという一貫した信念で私たち兄弟に接し続けた母の教育姿勢は、精神分析や心理学の理論以上に、私の心に残っている。

母の信念によって、私は、とりあえず食べられる資格を得ておけば、自分の信じるように生きていっていいんだと思えたし、弟のほうも腐ることなく、私の受験テクニックを素直に信じて、東大受験にチャレンジして成功した。

私の受験テクニックで弟が東大に合格したことで、私は自分の受験テクニックが、才能のいかんにかかわらず、多かれ少なかれすべての受験生に通用すると信じるようになったが、それも母が私たち兄弟に「健全な負けん気」と「基礎学力」を叩き込んでくれたから可能になったことである。

私自身も中学生と小学生の娘を育てている現役の親だが、今の親たちを見ていて、私の母の教育といちばん違っているのは、「子供に対する強い姿勢」と、「子供を信じる力」だと思う。母は「勉強しなさい」と子供に強制することもなければ、「勉強したら〇〇してあげる」と子供におもねることもなかった。子供にベタベタしたり、おもねる愛情ではなく、常に首尾一貫《しゅびいっかん》した姿勢で厳しい愛情を注いでくれていた。

そして、私たちの能力を信じる姿勢も、半端なものではなかった。「やればできる」という気持ちは母が私たちに与えてくれた「最大の財産」だと思う。

本書に書かれた母の「家庭教育」のやり方や「教育習慣」は、ほとんどの家庭、子供に通用するものであり、社会の競争がますます厳しくなることが予想される今だからこそ多くの親御《おやご》さんに役立つものであると、身内の本で僭越《せんえつ》ではあるが、信じている。

目次

第1章 「貧しさ」への恐怖を植え付ける

第2章 子供の「健全な負けん気」を育てる
他の子供と違うことを、親が気にしてはいけない……………71

第4章 孟母三遷《もうぼさんせん》を厭《いと》わない覚悟が子供の「学力」を伸ばす…125

一二歳までの子供のために親ができることのすべて

子供を東大に入れる、和田家のちょっとした習慣術

その①

まずは親が「子供に学歴を付ける」という信念をしっかりと持つ

本文26ページ

その②

親が「頭のいい人間」を素直に尊敬すれば、子供も勉強を頑張るようになる

本文36ページ

その③

「子供にお金の心配をかけたくない」はまちがい！

本文48ページ

その④
子供には「社会の本音（現実）」をどんどん話して聞かせる
本文63ページ

その⑤
やるなら徹底的にやらせることで「健全な負けん気」は育つ
本文76ページ

その⑥
子供に「勝ち体験」をさせることで、いじめにも耐える力が育つ
本文86ページ

その⑦
親が「普通」を求めていては、子供の「生きる力」は育たない
本文96ページ

図版作製　日本アートグラファー

序章　親も子供も、しっかりとしたプライドを持つ

「学歴の価値」は今も昔も変わりない

何よりも、元気で大きくなって欲しい。親であれば誰でも、わが子にそう願います。そして将来、幸せになって欲しい。そのために自分のできることなら何でもしたい。これもごく当たり前の感情でしょう。

落ちぶれて貧乏になって悲しい目にあったり、何ひとつ思いどおりにいかず、世間を恨んだりするようにはなって欲しくないと、親ならみんな願うはずです。もちろん私もそう思っていました。

子供を育てるのは親の「責任」です。勝手にさせておいても、大きくはなるでしょうが、それでわが子が将来、幸福になれるでしょうか。

しっかりした人生を歩むには、やはり「学歴」が必要です。そう断言すると眉《まゆ》をひそめる人もいるかもしれません。しかし私には、学歴なんかいらない、あるいは、ほどほどでかまわないという考え方は、中途半端なきれいごとに思えてなりません。

学歴がなくて苦労をしたという話は、昔はさんざん聞かされました。最近はあまり言われていないだけで、本当はもっと厳しい選別が行なわれているそうです。失業率の上昇はようやく止まったようですが、雇用《こよう》形態は多様化して、今は正社員で働いている人はどんどん少なくなってきています。

一生をフリーターやアルバイトのような仕事をして過ごすのが幸せだとは、私には思えません。若いうちはそれでいいかもしれませんが、年齢を重ねていったときに、きっと後悔することになるはずです。

親ならば、一生を幸せに生きていける、一生、食べるのに困らない「生きる力」を、子供に付けさせるべきです。そして、そのための最良の方法が「学歴を付けさせる」ことだということは、今も昔も、変わりないのではないでしょうか。

幸いなことに、私の長男・秀樹は東大医学部を出て医者になり、年子の次男は東大法学部在学中に司法試験に合格して法曹の仕事をしています。受験勉強という意味では、望外《ぼうがい》の結果にたどり着くことができました。

二人の子供がどちらも東大に入るとまでは思っていませんでしたが、しっかり勉強させたいとは、ずっと考えていました。勉強を無理強《じ》いすることはありませんでしたし、学校名にことさらこだわるつもりもありませんでしたが、子供たちが着実に勉強した結果が東大合格につながったのだと思っています。

「勉強できる環境」「勉強のための最良の環境」をできるかぎり用意して、徹底してつき合うけれども、嫌《いや》なら無理にしなくてもいいというのが私の考えでした。その代わり、「勉強しないで苦労するのはあなた自身だよ」と、繰り返し子供たちに言い聞かせていました。

「子供は子供」という考え方は親の責任放棄につながる

私は男三人の兄弟の下で育ったものですから、兄たちに何でもしてもらっていました。たとえば宿題にしても、兄たちは母から「妹に教えてやりなさい」と言われても、やり方を教えるのは面倒くさいですよね。だからいつの間にか宿題ができあがっているという調子でした。

そのときは楽でいいと思っていたのですが、あとになって少し後悔しました。兄たちに甘えていると、授業に出ていてもわからないし、身に付きません。そうして女学校を出て社会に出たことはありますが、やはりどこかで物足りなさは感じていました。

やはりちゃんと勉強しておけばよかったなあと思ったのです。

私の実家は大阪の商家でしたが、戦争で焼けてしまって、とくに私の母親は大変に苦労しました。焼け出された後は、もともと倉庫だった小さい家で暮らし、母は買出しや和裁をして日々の暮らしを立てていました。もともとは祖父の財産があったのに、焼け出された上にお金の価値が暴落すると、自分の力で稼げる人間のほうが強いと身に染みて感じました。

私の場合は、たまたま兄がその手の才覚のある人間だったので、実際は、現金収入はありました。私はそれを感心して見ていたわけですが、結果的には、そのお金でいくらでも代わりの家が買えたのに、まだまだ家の値段など上がらないだろうと高をくっているうちに家も買いそびれてしまったのです。

そういうわけで、私自身は、それでもまだのんびりしていて、女学校を卒業してからぶらぶらしていたのですが、友達に誘われて、三越《みつこし》の入社試験を受けたら受かったので、お小遣い稼ぎにそこに勤めることになりました。

女学校を出ているおかげで、正社員として雇われたためか、三越は女性の勤め先としては恵まれた会社でした。ただ、私としては、当時勉強が嫌いだったために、周囲の勧めがあったにもかかわらず、それより上の学校に行かずに勤めに出たことを、その後多少後悔しました。上の学校に行ったほうがずっと、人生や仕事の選択肢《し》が広がると思ったのです。

私たちの時代は戦争があって落ち着いて勉強ができなかったという背景もあり、とくに私の世代は英語を習うことも禁止されていたので、とりわけそう思うのかもしれません。

それだけに自分の子供が、幼いころから知的なことに関心を持っているとわかったとき、しっかり勉強のできるように、できるだけのことをしてやりたいという信念が生まれました。長男の秀樹は体が弱かったのですが、図鑑が大好きで、文字を覚えるのも早かった。だから、せっかく勉強ができるのであれば、その力を存分に伸ばしてやりたいと思ったのです。私自身、もっとしっかり勉強しておけばよかったという後悔の気持ちがありましたから、なおさらそう思ったのかもしれません。

私の同世代には、自分は親から学歴を付けてもらったのに、自分の子には「子供は子供の自由、行きたかったら行けばいい」という親がたくさんいました。でも、これはおかしいと思います。

自分はいろいろなことがわかるし、できるようになっている。勉強させてもらってきたのだから当然です。けれども、それと同じことを子供にさせようとするのは、大変です。自分は大人で、勉強や学歴の意味がよくわかっていても、子供もそれと同じ気持ちにさせるのは、一筋縄《ひとすじなわ》ではいきません。

だからといって「子供は子供」と投げ出してしまうのは、責任を放棄しているのと同じように思えるのです。将来、わが子には幸福になって欲しいと願えば、そのためにできることがあるだろうというのが私の考えです。

精神科医になった秀樹は、「貧乏への恐怖から、勉強して手に職を付けろと子供たちに言い続けてきたのだ」と私を〝分析〟していましたが、確かにそうかもしれません。けれども親が身に染みてわかっていることを、子供に伝えようとするのは当たり前のことだと思いますし、だからこそ「信念」と呼べるほど強いものになったのだと思います。

和田家の習慣術 1

まずは親が「子供に学歴を付ける」という信念をしっかりと持つ

「謙虚」であっても「卑屈」な人間にはなって欲しくない

二人の子供を育てた「和田家」は、ごく普通のサラリーマン世帯でした。夫はサラリーマンで、私は専業主婦。代々の医者だとか、特別に財産があるとかではありません。夫の実家は丹後《たんご》半島で半農半漁の農家で夫はその次男でしたし、私の実家は大阪で商家だったのですが、戦争で焼けてすっかり没落していたのです。

自慢できるようなことは何もありませんでしたが、かといって卑下《ひげ》していても仕方がありません。子供を育てるに当たって「うちはただのサラリーマンだから」とか「うちにはお金がないから」などと言っていても、いいことは何もない。やがて「自分は庶民だからしょうがない」と、何でも簡単にあきらめてしまう子供が育つだけでしょう。「矜持《きょうじ》」という言葉がありますが、誇りやプライドがないと、人間はどんどん易《やす》きに流れてしまいます。

だからでしょうか、昔の親は「うちは今でこそ没落しているけれども、以前はすごかった」「名家の血を引いている」などと、家の来歴をよく子供に聞かせていました。

どこまで本当かはわかりませんが、それで自分自身に誇りが持てる。恥ずかしいことはできないし、頑張ろうという気持ちになれるはずです。家族の歴史を伝えることで「自分ならできる」というプライドが育つのではないでしょうか。

地方の旧家など、いわゆる〝いい家〟の子供は「わが家ではこんなはしたないことはしない」「それは貧乏人のすることだ」などと、さんざん聞かされて育てられたものです。でも、今はそういうことが言われなくなって、親からして悪い意味で現実的な気がします。

「勝ち組」「負け組」という言葉が少し前に流行《はや》りましたが、「世の中の大半は負け組なんだから、そこそこの勝ち組であれば御《おん》の字《じ》」といった感覚です。「どうせしがないサラリーマンなんだから」といった感覚は、「謙虚」ではなく「卑屈」に通じている気がしてなりません。

同じ「腰が低い人」でも、「謙虚」と「卑屈」は違います。いわゆる〝いい家〟であっても「自慢したり尊大になってはいけないよ」と戒《いまし》めるのが「謙虚」です。地主さんに土地や家を貸してもらっているからといって、顔を見るたび愛想笑いしたり、選挙のときに言いなりになって投票するのが「卑屈」です。

私は、子供たちに謙虚でこそあれ、卑屈な人間にはなって欲しくありませんでした。振り返ってみると、子育ての出発点はそこにあったと思います。

誇りを持つ上で「家族の物語」は非常に重要

私の父方の祖父は、西ノ宮《にしのみや》戎《えびす》の狛犬《こまいぬ》を作るといった神社や仏閣関係の彫刻家をしていて、その道では第一人者でした。園芸商品を扱う商家もやっていて経済的にもかなり豊かだったと聞いています。その息子が私の父ですが、やはり彫刻家を目指して上野の美校（現・東京芸術大学）に入りました。そこまでは順風満帆《じゅんぷうまんぱん》だったと言ってもいいでしょう。

ところが父は、芸術家として名をなすことはできませんでした。その代わり幸か不幸か、多才で何にでも興味を持って没入するタイプでした。華道《かどう》や茶道《さどう》、さらには調理師の資格まで取ったのですが、生涯を働かないで暮らして、ついには親の財産を使い果たしてしまったのです。

屋敷も戦争で灰燼《かいじん》に帰《き》してしまい、いよいよ決定的に生活が苦しくなったのですが、私が貧しくても誇りを持って成長できたのは、才能と技術があって、周囲から尊敬もされていた祖父のことが頭にあったからです。誇りを持つ上で「家族の物語」や「歴史」は、とても大切なことだと思います。

また、結婚した夫の親戚には裁判官を務めている人がいました。裁判官といえども役人ですから、それほど裕福ではありませんでしたが、その息子は三人とも東大に行き、二人の娘も大学を出していました。夫の身内の間では「偉そうだ、ケチだ」と評判は悪かったけれど、わが家では「立派な人だ」と素直に尊敬していました。

そのことで具体的に東大を目標にしたわけではありませんが、その一家と東大は、わが家ではまぶしい存在だったのです。正直なところ、秀樹が灘《なだ》中に入るまでは、その一家からあまり相手にされていなかったと思います。でも、だからといって僻《ひが》んだりすることはありませんでした。

「あの人は偉い」と、身内を照れずに持ち上げることは「自分たちもやればできる」という身近な目標になるわけです。その一家は息子たちの憧れであり、目標だったのです。

関西では、成功者の象徴というと松下幸之助《まつしたこうのすけ》さんです。丁稚《でっち》から始めて世界的な大企業を育て上げた松下幸之助さんは確かに偉いし、関西では学歴はないけれども商売で大儲けした人に憧れる雰囲気がありました。

　でもわが家では、貧乏でも学歴のある人を尊敬していたのです。

頭がいいこと、勉強ができることがかっこいい

　あまりいい大学を出ている親戚がいなくて、自分の家系から東大、京大に行けるわけがないと親が思ってしまったら、その時点で子供は伸びません。つまり、親がプライドを持たなかったらダメですよね。そのためには親が何を大事に思っているか、何を尊敬しているかという価値観が伝わることが大切だと思うのです。

　たとえば最近、スペースシャトルに乗った野口聡一《のぐちそういち》さんは、子供のころから「宇宙飛行士になりたい」と思い続けて夢を実現したのだそうです。野口さんは東大工学部航空学科を卒業しています。日本人で最初にスペースシャトルに乗った毛利衛《もうりまもる》さんは、北大《ほくだい》工学部で原子力工学の助教授だったそうですし、向井千秋《むかいちあき》さんは慶応《けいおう》大学医学部を出た心臓外科のお医者さんです。

宇宙飛行士の条件は、健康や精神の落ち着きなどいろいろあるのでしょうが、理系でトップクラスの頭脳があることが当然のように求められているわけです。もし子供が宇宙飛行士に憧れているなら、現実はそうなんだよと教えてやるチャンスなのではないでしょうか。

憧れの対象は人それぞれですが、親がテレビタレントやスポーツ選手に憧れれば、子供もそれに憧れます。テレビに出ている人は立派に見えるのかもしれませんが、テレビタレントだけが大人の見本になったのでは困ります。

今、テレビでは、若いタレントや芸人がクイズなどで間違った答えをして、それが爆笑を誘う番組がたくさんあります。突拍子《とっぴょうし》もない解答をしたタレントは、大して恥ずかしがるわけでもなくけたたましく笑っていますが、ものを知らないことがどうしてそんなに自慢になるのか、私にはわかりません。

あるいは人気のニュースキャスターを、賢い人の代表のように思っていたりする人も多いのではないのでしょうか。でもテレビで語られる意見は、多くの人が感じていることをもっともらしい言葉に変えただけだったり、底の浅い感想にすぎないことが多すぎます。

昔のテレビはもう少しましだったと思いますが、それでも『吉本新喜劇』ではアホ役が大人気でしたし、その時代、時代でテレビには人気者がいました。私は自分の息子たちが、テレビに出ている人気者をむやみに尊敬したり、憧れたりすることがないように心がけてきました。

実は「秀樹」という名前は、湯川《ゆかわ》秀樹博士に由来します。ご存じのように日本人初のノーベル賞に輝いた人です。湯川博士のように賢い人間に育って欲しいという願いを込めて命名しました。そのころは秀樹という名前がとても多くて、ちょっと失敗したかなとも思ったのですが、それだけ、博士の知性にあやかろうとした人が大勢いたのだと思います。

頭のいい人間、学歴の高い人間を素直に尊敬する姿勢を親が見せていると、子供心にもそのほうが格好いいんだと憧れるわけですよね。こうしたことの積み重ね、繰り返しが当たり前に勉強をする習慣に結びつくのだと思います。

卑《いや》しい金持ちより、気品と知性のある人間に憧れを持たせる

最近は、お金持ちの子ほど勉強しないのだそうです。秀樹に聞いた話ですが、東京都立大学（現・首都大学東京）の集計によると、年収一二〇〇万円までは、親の収入と子供の学力は比例するのに、一二〇〇万円を超えると途端に下がるのだといいます。

孫の通っている私立校でもそんな傾向があると聞きました。親が資産家だと「家の跡を継がせればいい」と思うらしく、それほど熱心に勉強させないのだそうです。そればかりか名門校でも、性道徳が乱れていてびっくりさせられるというのです。

私たちの時代からすると、性道徳の乱れは信じがたいことばかりです。これは世界的な傾向なのでしょうが、海外では上流階級の子はボーディングスクール（寄宿学校）などでしっかり勉強させられるのが一般的です。そして、名家の子女の通う名門校ほど、ふしだらなことに非常に厳しいそうです。

真っ当なプライドがあれば、家柄がよくてお金に余裕がある家ほど「名家に生まれ

たのだから、社会を引っ張っていく責任がある」と厳しく勉強をさせるのでしょう。欧米でいう「ノーブレス・オブリージュ（高貴な者は、それに応じて果たさなければならない義務がある）」の考え方ですが、私は当たり前だと思います。

やはり日本全体を「プライドの欠如」が覆《おお》っている気がしてなりません。日本のお金持ちは、相続税には並々ならぬ関心があるようですが、自分の子供にも社会的な責任を感じながら育てて欲しいと思います。

テレビや雑誌で秀樹は「相続税は一〇〇パーセントにすべきだ。教育が復権して子供がきちんと育つから」などと主張するので、見ていてハラハラしますが、言っている内容は私が子育てする中で考えてきたことと重なります。つまり「自分で稼げる人間になれ」と言い続けたわけですが、知性や学歴を磨《みが》くことによってそうなることを、私は望んできたのです。

和田家の習慣術 ②

親が「頭のいい人間」を素直に尊敬すれば、子供も勉強を頑張るようになる

「建前《たてまえ》」はもとより、「本音《ほんね》」も子供に伝えていく

今だから書けることですが、夫の実家や親戚との相克《そうこく》もありました。子供たちは二人とも体が丈夫ではなかったので、親戚が家に来るたびに「アホみたいに勉強ばっかりさせて、こんなにひょろひょろじゃしゃぁないで」「何かあるとすぐに医者に連れて行って……。過保護すぎる」などと、トゲのある言葉を投げつけられました。誰が来ても必ず一言イヤミを言うことは忘れません。

二人が小学生のころ、夏休みには丹後半島の海辺にある夫の実家に連れて行っていたのですが、環境の変化もあって、必ずといっていいほど二人ともお腹をこわすのです。何も食べられなくなってしまうので、私がラーメンを作ってやっていると「貴族が漁師の家で飯を食うから腹をこわすんじゃ」とイヤミを言われていました。

とくに塾に通うようになってからは、うちの子供の肌の白さがますます目立つようになって、「過保護にするからひ弱な子に育つ」と、風当たりが一段と強くなりました。

でも私は、聞き流して何も言い返しませんでした。一日中外で遊んで真っ黒な子供以外はダメだ、勉強なんか役に立たないと言い切る人たちと言い争っても、理解してもらえないでしょう。正直に言うと、自分たちの村の価値観やイメージを押しつけてくる人たちには辟易《へきえき》していました。

知性がないと人間には「品」が出てこない。多少お金は持っていても、それでは尊敬されない。学歴がないと知性は磨かれない——私はハッキリと子供たちにそう言いました。むしろ相手が田舎者《いなかもの》でがさつなのであって、自分たちが決してひ弱なのではないと、ことごとく肯定的に考えましたし、子供にもそう話しました。

事実、秀樹は、体が弱いことや、お腹をこわしたり、すぐお医者に行くことも、「自分たちはいい家の子だからなんだろう」と思っていたそうです。

今は「みんな平等」とか「人をバカにしてはいけません」などという建前が強すぎて、本当に下品だったり愚かな人間に対しても、心の中でも見下してはいけないとするような雰囲気があります。もちろん公言するのは褒《ほ》められたことではありませんが、悪い見本が出てきたら「こんな人間はろくでもない」「やっぱりちゃんと勉強してこなかった人はあかんな」くらいに、ハッキリ言ってしまったほうがいいと思います。

家庭の中で、建前だけが横行してはいけません。当たり障《さわ》りのない建前にとらわれた価値観では、結局「みんなと同じ」が何より大切になってしまいます。建前は建前で結構ですが、少なくとも家庭の中では、本音を伝えていく必要があるのではないでしょうか。

第1章　「貧しさ」への恐怖を植え付ける

財産のない人間は、「自分の頭」だけが唯一の財産

和田家の辞書に「フリーター」の文字はない

序章で少し触れましたが、私の父親はおぼっちゃまで粋人《すいじん》、現在のフリーターの走りのような人でした。いわゆる「資格マニア」で茶道や華道、着付けなどいくつか師範資格を持っていたのですが、弟子を取ってお金をもらうことができません。お金を稼ぐことが、まったく苦手だったのです。

唯一、お金につながったのが調理師の資格で、生来の器用さがあったために、割と簡単に取ったようです。といっても自分で働くのがあまり好きではなかったらしく、軍需工場の食堂に名義貸しをしていました。何人かの従業員を雇っていましたが、実際に切り盛りしていたのは私の母でした。

裕福にはほど遠い生活で、子供のころ、引っ越すたびに家が小さくなったことを今でもよく覚えています。戦災で家が焼け、日本中がそうだったのですが、戦後の混乱期は本当にひどい貧乏を体験しました。

もっとも私の母親に言わせると「男前で、なんでもできていいところの子だった。

戦争でみんなダメになったけれど」と、庇《かば》うのです。確かに上野の美校を出ているので、絵もうまいし器用でセンスもよかったと思います。でも、稼げる仕事には就《つ》かなかった。就けなかったのでしょう。

娘の私からすると、いつもぶらぶらしている父は、なぜちゃんと働かないのだろうと不思議でした。家族は食べるものにも着るものにも不自由だし、家だって今のワンルームマンションに毛が生えたくらいの倉庫のような代物《しろもの》です。貧乏は本当に辛《つら》いものです。

親だから、男だからというよりも、人間はどんなときも、ちゃんと働いて稼がないといけないと身に染みてわかりました。

こうした経験もあって、子供たちには、きちんと稼げないとどんなに辛い思いをしなくてはならないかを、家族の歴史や私の体験とともに話してきたのです。

混乱した時代でも「頭のいい人」は生き残る

戦争でいっぺんに貧乏になったのは私の家だけではありません。大阪は焼け野原になり、闇市《やみいち》だらけで、物価はものすごく上がりました。毎日の食事にも事欠く状況で、母親はひどく苦労したはずです。

農村は農地改革で、地主もたちまち没落していきました。落魄《らくはく》した名家のお嬢さんが、泣く泣くお嫁入りしていくことなども、よく見聞きしました。本当に、今からは想像もつかないほどの大混乱期だったのです。

そんな中でお医者さんだけは、あまり苦労せずに暮らしていたのです。患者さんたちはお金は払えなくても、何かものを持っていきますから。余ればそれこそ闇市に売ることもできたでしょう。街には屑鉄《くずてつ》を集める人などが溢《あふ》れていましたが、その中でも知恵が回って技術のある人は、鍋や五徳《ごとく》（鉄などでできていて、脚《あし》があり、やかんなどを載せる台にするもの）を作って、売り歩いて稼いでいたそうです。私の兄も落ち着いて物事の判断ができる人でしたから、そこそこうまくやっているようでした。

つくづくと心に刻まれたのは、「頭のいい人だけは、変動する時代に、貧しくても何とか切り抜けていけるのだ」ということでした。逆に頭の悪い人、以前のやり方にしがみつく他ない人は、どんどん没落していくしかありません。

子供たちには「だから医者になれ」と言ったわけではありませんが、どんなに世の中が混乱しても、生き残っていけるのは腕っ節《ぷし》の強さや愛想の良さではなく、頭がいい人なのだと、よく話して聞かせました。

戦争中や戦後は、否応《いやおう》なくホームレスになってしまう人は少なくありませんでした。焼け出されて家もない、大した学歴も技術もなければ、勤められないし稼げない。当時は「浮浪者」と呼ばれていた人たちが、大勢いたのです。ですから私には、現代の働く気があれば働ける社会で、ホームレスになる人の気が知れません。「父が働かなくて苦労をした」のも確かですが、その一方で、焼け出されて住んだ倉庫ではあっても、屋根があって畳があるだけでも、すごく幸せにも感じました。

こうしたことも、繰り返し、子供たちに話しました。

子供とは甘えがちなものですが、苦労した実体験を話すことで「勉強しなければ」と危機感を持ったのだと思います。

子供の心に響くのは、リアリティのある苦労話

女学校を出て三越に勤めた私は、結婚しないで、一生ここで働くのもいいと思って

いました。というのも家は焼け出されていますし、父は働かないでブラブラしている。母は買い出しとやりくりで日がな働いて苦労している。そんなわが身に引き比べて、三越の男性社員は、今でもそうでしょうけれども、大学出の比較的いい家の子弟が多い会社でした。

でも、「そういう人たちと結婚して、今の境遇から抜け出そう」と当時は不思議と思わなかったのです。昔の豊かな時代を知っているので、今の自分が貧しく感じられて仕方がなかったので、結婚して引け目を感じるより、自分の力でしっかり生きていったほうがいいと思えたのです。

その後、カネボウに勤めるサラリーマンの夫と結婚したのですが、貧しさにまつわる体験の数々は、記憶の奥底にしっかりと残りました。

単に「頭の悪い人はダメだ。頭のいい人が生き残る」と言っても、子供たちには伝わらないでしょう。私は、自分で体験した貧しさの話を、貧乏では結婚もままならない現実まで、徹底して子供に話して聞かせました。リアリティがあるからでしょうか、兄弟そろって「やっぱり勉強やらなあかんねんな」と神妙な顔で聞いていました。

今はお金持ちの子ほど勉強しないということですが、親はもっともっと、自分が苦労したり貧乏したりした中から這《は》い上がってきたという話を、子供に話して聞かせるべきだと思うのです。当時は戦争の後で誰もが貧乏を経験していましたが、今どきは、貧乏の経験はずっと少なくなっているのでしょうが、苦労はいくらでもあるはずです。

慶応の幼稚舎《ようちしゃ》などに通わせるなら「うちは金持ちなんだ」という顔でおぼっちゃま育ちにするよりも、「自分が小学生のころには、親が苦労して商売の資金を作っていたんだ」といった話を聞かせたほうがいいと思います。お金持ちの親が、しっかりした子供を育てたかったら、「お前に残す金はない」と伝えなければいけません。

結局、そういう苦労話を語れる親が減ってきているのです。苦労話を聞くから、自分もしっかり勉強しようという気持ちにもなれるのではないでしょうか。

サラリーマンの家庭ならなおさら、ローンの重さや、家計のやりくりの大変さがあるはずです。「子供にはお金の心配をさせたくない」という考えの人も多いのでしょうが、私は、「あなたの将来のことを思って、厳しい家計の中から塾の費用を払っているんだ」と、ハッキリと話したほうがいいと思います。

和田家の習慣術 3

「子供にお金の心配をかけたくない」はまちがい！

手に職を付ける、資格試験を突破する意義を教える

カネボウでサラリーマンをしていた夫は、本当に優れた営業マンでした。人に頭を下げるのがぜんぜん苦にならないタイプなのです。シーツを百貨店に売り込むのが仕事だったのですが、お酒が弱いためか、毎晩のように取引先の人と麻雀《マージャン》です。日曜日はやはり接待ゴルフ。ろくに家に帰ってこないわけです。仕事以外のことも少なからずあったのでしょうが、当時の〝モーレツサラリーマン〟は、多かれ少なかれそんな調子でした。

当時、カネボウといえば名門企業で非常にプライドが高かったのですが、夫はこれほど頭を下げる人はいないというくらい、営業マンに徹することができた人でした。先方からイヤミを言われようが、バカにされようが、靴をすり減らして何回でも足を運ぶことが平気なのです。

その意味できわめて優秀な、貴重な人材でしたから、私もサラリーマンの妻として家庭を守って、安閑《あんかん》と暮らすことができたのかもしれません。

しかし、麻雀やゴルフや、飲めない酒の席での接待などがサラリーマンの大切な仕事だと言われると、かなり違和感がありました。もう少し知的な仕事に就いていてくれたらよかったのに、とよく思ったものでした。

貧乏はしないけれど、これで満足とは思えなかったのです。

ないものねだりのようですが、生涯働かなかった私の父は、ものすごく頭を下げるのが嫌いな人でした。だからお金を稼げなかった、という面は否《いな》めませんが、私も頭を下げてお金をもらうことには抵抗があります。

平身低頭してお金を稼ぐのは確かに大変なことですし、そうやって給料を持ってきてくれたことには感謝しています。けれども、自分の家庭を犠牲にしてまでもぺこぺこと頭を下げるような職業に、子供たちに就いて欲しくはありません。

子育てをしている私の価値観では、医者であれ、弁護士であれ資格を伴う知的な職業で生活していけるようになって欲しい、という思いが次第に強くなりました。貧乏は絶対にしてはいけませんし、人に頭を下げずにすむようになるに越したことはないでしょう。

貧しければ選択肢《し》が減り、チャンスも少なくなります。嫌々ながらも愛想笑いをして頭を下げなければいけなくもなります。

私は子供たちに「勉強しなさい」と言って迫ったことはありません。私の言い方はいつも「勉強しないで損するのはあなただ」「うちみたいな家で、学歴を付けなければ、一生、人にペコペコするしかないんやで」と、口癖のように繰り返していました。

秀樹にサラリーマンは勤まらない

「頭を下げずにすむ仕事に就け」というと、鼻持ちならない人間を育てるだけではないかと思う人がいるかもしれません。でも「頭を下げない」イコール「威張る」ではないと、私は思います。「媚《こび》を売らない」というほうが、より近い感覚ですね。

秀樹は私に似て、上の人間に頭を下げられず、東大の医局を飛び出してしまいました。私の責任かなとも思いましたが、それでいいのではないかとも思っています。

当時、秀樹は「医局で教授に媚びるなんてことは、とても耐えられない」と言っていたのですが、患者さんや自分の会社の社員などには、かなり気を使うし腰も低いのです。自分より弱い立場の人間には、頭を下げているのですから、「威張る」のとはまた別な性格なのだと思いました。

患者さんであれ部下であれ、目下の人に気を使って頭を下げるのと、自分より立場の強い人や目上の人に、お追従《ついしょう》を言ったり、たいこ持ちのように振る舞うのは、やはり違うでしょう。私の言う「頭を下げないですむ」のは、もちろん後者の意味なのです。

子供には資格を持った「知的職業」で生きていって欲しいと願う一方で、とくに秀樹はそうしないと、食べていけないだろうとも思っていました。

親の私から見ても、まるで宇宙人みたいな子で、変わり者だったからです。勉強に関しては小学校のときから、自分がトップでないと気がすみません。あとでまた詳しく触れますが、学校の勉強が簡単すぎて退屈してしまい、教室の中を歩き回ってしまうような〝問題児〟でもありました。

私の夫のような、いわゆるサラリーマンは、とてもではありませんが勤まりません。しかも当時は、会社や組織のために身を粉《こ》にして働くことが常識でしたから、どう考えても無理だと思いました。

「医者でも弁護士でも何でもいいから、とにかく資格を取らへんかったら、お前は食っていかれへんよ」と、さんざん言った記憶があります。たとえ東大を出てもサラリーマンになるのは無理だから、独立して働ける資格が絶対に必要だと、いつも言っていました。

当時は医者といっても開業医のイメージしかありませんでしたが、秀樹は東大の医局を飛び出しても、なんとかやっていけています。自分で先頭に立って引っ張る性格なので、いつも体のことは心配していますが。

それに対して弟のほうは、子供のころからいわゆる「普通」の感覚があり、組織人としても十分やっていけると思っていました。結果として、役人になってその組織の中でもうまくやっています。

長男、次男それぞれに、無理に我慢することなく、性格に合わせて自分の人生を歩んでいるのは嬉しいことです。

哲学科を出ても食べられない、という現実

次男の場合、サラリーマンのような組織人になっても心配ないタイプでしたから、秀樹ほどは「資格を取れ」「手に職を付けろ」とは言っていなかったと思います。でも、年子の兄弟ですから、兄が東大医学部に入ったことで、心の中に「自分だって」という思いが湧いたに違いありません。

大学受験に際して、最初、次男は京大の哲学科に行きたいと言っていました。文学部です。でも、それではさすがに食べていけないと思いました。大学に残って研究者になるにしても、それまでの道のりも、まったく不安定ですし、それまでどうやって生活していくつもりなのかと心配しました。

一人前になるまで親が面倒を見続けるのが当然、と考える人もいるでしょう。私もできるだけのことはしてやりたいとは思っていましたが、その一方で大人であれば、自分で生活できるようになって欲しいという思いがずっとありました。

家に財産があるのなら、稼げるようになるまで面倒を見ることもできるでしょう

が、サラリーマンの家庭では現実的に不可能です。研究者になるために頑張るのも立派なことですが、結婚してもかなり長い間、貧乏することになりかねません。私の体験からも、家族を苦しめることは、絶対にして欲しくありませんでした。

一年先に東大医学部に入っていた秀樹は、就職するにしても東大のほうが有利だと言って京大よりも東大の受験を勧め、最初は文学部哲学科へ進むために文科Ⅲ類を目指していたのですが、やはりそれでは食べていけないだろうということになりました。文科系で「食べていける資格」というと筆頭は司法試験でしょうし、就職するにも法学部は格段に有利です。

受験勉強のコツのようなものを秀樹が教え、次男も東大に入ることができました。卒業するときには、大学に残るという話もあったのですが、幸いなことに司法試験に合格していたので、法曹の道を歩むことになりました。大学までの学歴を付けるのが精一杯でしたから、私もようやく肩の荷が下りた思いがしたものです。

学歴の勝者と貧しき者のいろいろな差をきちんと教える

学歴が大切なのは、それがないと選択肢が狭《せば》まってしまうからです。高校卒で就ける仕事と、大学卒で就ける仕事は明らかに違います。

最初から大卒でないとできない仕事もありますし、学歴不問の企業に応募しても、実際は一流大卒から採用されるのが現実です。

サラリーマンの場合は、たとえ同じ会社に入ったとしても、高卒の人は、大卒と同じようには絶対に出世できません。最近でこそ、「学歴は関係ない、完全な実力主義」と謳《うた》う会社も増えてきましたが、まだまだごく少数にすぎません。

サラリーマンは地位によって給料も違いますから、出世しないと衣食住のすべてにおいてランクが変わってしまいます。

大卒なら、どの大学を出ても同じかというとそれも違いますよね。一流校とそうでない学校で、就職の可能性も出世のチャンスも大きな格差があることはよくご存じだと思います。一流校であれば、銀行でも商社でも、テレビ局でも希望する企業を受けることができますし、採用される可能性も高まります。

一方、三流校では名前を聞いたことのあるような企業に入社できるのはほんの一握りで、いわゆる兵隊採用だったり、縁故《えんこ》入社だったりすることが多いようです。

そんな実情は多くの方がご存じでしょうが、子供にきちんと話している人は少ないのではないでしょうか。「頑張れば何でもできる」「夢をあきらめない」などと、耳当たりのいい物言いに終始して、現実の厳しさを伝えている家庭は少ないのではないでしょうか。　今頑張らなくて、いつ頑張ればいいのか、何を頑張ればいいのか、社会経験のない子供にはわかりません。「そのうち何とかなるだろう」と、昔流行《はや》った植《うえ》木等《きひとし》のセリフのような考え方だけを植え付けてはいけません。

私は「学歴の勝者と底辺層っていうのは、これだけ生活が違っているんだよ」という話も、よくしていました。勉強するかしないかでその後の人生で生じる差を、きちんと教えたほうがいいと思います。

本音を話すことはタブーではない

私の夫は関西《かんさい》大学を卒業してカネボウに入ったのですが、慶応閥《ばつ》の会社だったため出世はしませんでした。学歴はたとえ東大卒でも、閥が違えば出世に響くのが会社の現実です。そういうことも含めて、私は社会の本音をどんどん子供たちに話しました。

人生における「選択の難しさ」もそのひとつです。たとえば夫が大学を出て就職するころ、家電メーカーに行った人は、大卒というだけでかなり出世できました。名門とはいえ（いえ、名門だからこそ）慶応閥のカネボウに入った夫は、給料も上がりません。

秀樹はいまだに「貧乏な中からやりくりして私立中学の授業料を出していることをいつも言われて、恩着せがましいとは思いながらもありがたかった」と言いますが、サラリーマンとして就職する際の企業の選択が難しいことは、よく話していました。

また、大学を出たころの一流企業が、二〇年、三〇年とたっても一流であり続けることも難しいものです。たびたび引き合いに出しますが、カネボウは名門の繊維《せんい》メーカーでしたが、今は破綻《はたん》してしまって見る影もありません。

鉄鋼も、良かった時期に難関を突破して就職した人は下り坂で苦労していましたし、一時期あれほど給料の良かった金融も、今、破綻から立ち直ったような銀行では支店長の年収が一〇〇〇万円にも届かないそうです。

そんな現実的な夢のない話をして、子供たちはきちんと受け止められるのだろうか、と不安に思われるかもしれません。

でも、意外なくらいに子供たちは社会のことがわかっています。以前、電車の中で、灘中学を受験すると思われる小学生のこんな会話を偶然聞きました。

「うちのお父さんは東大を出ているけれども、小さなマンションだし電車に乗って会社に通っている」

「〇〇の家は三流大学らしいけれど、街なかで立派なマンションに住んでるで」

「僕らも灘に受かって東大に行ったところで、やっぱりずっと電車に乗って、小さなマンションのローンを払うんやろな」

別にそれを嘆いているのではなくて「結局、日本の社会なんてそんなもんだ」みたいなことを言っていたんです。これはバブル期の話ですが、子供たちは社会の現実を、大人が思っている以上にわかっているのです。

社会の本音を伝えるのに、早すぎることはない

だからこそ親は、「勉強してもムダだ」と思わせるのではなくて「勉強しないと大変なことになる」と導いてやらないといけません。

社会には不平等とか不条理だとかはたくさんあるけれども、それに立ち向かう武器の一つが「学歴」なのだと、ちゃんと言わなければいけません。「しっかり勉強しないと貧乏するよ」といったことも含めて、順を追って聞かせればわかると思うのです。

子供は少しでも背伸びをしたいものですから、少しレベルの高い話を嚙《か》み砕《くだ》いてしてやって、興味を持てばしめたものです。とくに勉強している子供ほど、世の中のことに興味を持っていますから、世の中の本音、社会の現実を伝えるのに早すぎることはないと思います。

秀樹は小学三年生のときから、新聞を読み始めました。人からは「天才児ですね」とお世辞も言われましたが、本人にとっては周りがマンガや怪獣のおもちゃに夢中になっているときに、それを卒業して新聞を読むことがプライドにもつながっていたようです。

最近、ゴールドマン・サックスの元パートナー（共同経営者）で高速道路無料化を唱える山崎養世《やまざきやすよ》さんを、私どもがやっている塾に特別講師としてお呼びしたときに、「自分は小学一年生から新聞を読み始めた」とおっしゃっていて、もっと早熟な子供はいるものだなと感心しました。

次男は早熟というわけではありませんでしたが、同じように「世の中の本音」を話し続けました。「兄と同じようになりたい」という気持ちも強かったと思いますが、やはり勉強しなければ、将来困ったことになるのだなと思ったようです。勉強を嫌がるような子にはなりませんでした。

先の灘中を受験する小学生の話からは、勉強することの価値が薄れてきていることも感じました。ありていに言えば「世の中、勉強してもたかが知れていて、勉強していない成金《なりきん》が幅を利《き》かせている」ことが、小学生にまで見抜かれているわけですから。

お金持ちの家ではそれでも何とかなってしまうところが問題なので、秀樹は「相続税一〇〇パーセント」を主張しているわけですが、うちのようにサラリーマンの家庭では〝あきらめ〟てしまったらおしまいです。学歴による人生の差を徹底的に教えることは、親として必要なことだと、今も思っています。

和田家の習慣術④

子供には「社会の本音（現実）」をどんどん話して聞かせる

勉強はしたけれども、結果が出なかった親のあきらめが子に伝染する

今であれば「日本の社会っていうのは、どんどん貧富の差が開いてくるよ」という話から始まって、それはなぜかというところまで教えてやるべきだと思います。

たとえばこんなふうに——。

日本はものすごい金額の借金（国債を発行）をしていて、しかも借金は増える一方です。それにもかかわらず、以前に比べてお金持ちの税金は減って貧乏な人の税金は増えています。お金が足りないのだから、もう一度お金持ちからしっかり税金を取ればいいはずだけれども、そうはならない。なぜかというと、そんなルールを決めているのがお金持ちだからだよ。

と話せば、ますます格差が広がる理由が子供たちにもよくわかるでしょう。

今のような競争社会にいったん入ってしまったら、勝っている人間が、ますます有利になるということです。

そこで自分もお金持ちになって、自分たちに有利なルールを続けていこうとするの

か、それではいけないから変えていこうとするのかまで、話し合ってもいいと思います。いずれにしても、選択肢が広がる、つまりそうしたことが決められる立場になるためには、学歴が必要であると納得するはずです。

肝心なのは、取り上げる例は変えながら、繰り返し何度も教えてやることです。

私たちの時代は、戦後の混乱期で、みんな貧乏でしたから「学歴」を手段に這い上がろうという気風がありました。横一線でスタートを切ったようなものですから、勉強をすればしただけの甲斐《かい》もあったわけです。ところが今は、こうした気風はありません。

『菊次郎《きくじろう》とさき』のように、貧乏なペンキ職人の家だけれど、母親が頑張って子供に学歴を付けて貧乏から脱出させた話もなくなってしまいました。

今、日本では衣食住に事欠くような貧乏はほとんどありません。それよりもはるかに多いのが「どうせウチは大したことないから」という「あきらめ」でしょう。このあきらめは、大きな問題です。今後、やる気も学歴もない人間にとって、非常に厳しい世の中になるからです。すでにそうなっているのですが、親の世代が裕福なので気づかないだけなのです。

その際に、お金がなかったから勉強できなかった親は子供に勉強をさせますが、勉強はしたけれども思うように成績の上がらなかった親は、そのことを正当化しようとするためか、「あきらめ」を口に出します。それが子供に伝染してしまっているのではないかと思うのです。

日本には弱者を救うセイフティネットがない

私は昔から「日本は負けている人間にあまり同情しない社会」だと思ってきました。

弱者に味方する「判官贔屓《ほうがんびいき》」という言葉もありますが、庶民（つまり弱者、負けている人）が判官贔屓なのであって、為政者《いせいしゃ》や有名人は決してそうではありません。

たとえばの話ですが、今、消費税が大幅に増税される方向に進んでいます。その際、ニュースキャスターのような高年収の人は、「消費税はお金のない人からもむしり取ることになるからよくない。自分は税金に九〇パーセント取られてもいいから、金持ちの所得税率を上げよう」とは、絶対に言わないでしょう。

一般的に、お金があって発言力のある人は「自分はそれだけの知恵や能力があるのだから、もらって当然だ」と考えます。勝っている人は負けている人に、あまり同情しないのです。

最近は、企業もアメリカ式になってきて、成果主義や能力主義が広まっていますが、「優秀なのだからもらって当然」という考えで成り立っているわけです。「勝っている人間は努力して勉強してきたんだ。負けている人間は努力しなかった結果だ」というのがアメリカ人の発想なのでしょう。

秀樹に聞くと「アメリカ人は貧富の差を付けることに、まったく抵抗がないし、スラムもできあがる。ただ、一方で宗教的なものがあるから、福祉の貧困なところはお金持ちのチャリティの精神に頼ったりできるわけだけど」だそうです。付け加えて「日本の場合、宗教は貧乏人を救うんじゃなくて、宗教が貧乏人からむしり取っているわけだからさ」とも言っていましたが。

ところが日本には莫大《ばくだい》な借金があるし、今後は少子高齢化もますます進むので、貧しい人を助けるほど福祉に手が回りません。日本には弱者を救うセイフティネットがないに等しいのですが、作ろうという流れにもなかなかならない。なれないのです。

二〇〇五年九月の総選挙では、郵政民営化を旗印《はたじるし》にした与党が圧勝しました。でも、その民営化とは、格差を広げて大多数の中間層の首を絞める方向に向かっているわけです。

それにもかかわらず「改革されれば何でもいい。自分たちにいい社会だろう」というところに、今の日本の危うさがあります。これはやはり、今の日本人全体が不勉強だからという他はないでしょう。

その意味でも、ニュースや新聞を見ながら、子供と社会の実態や本音を話すことが大切だと思うのです。

ますます「自分の頭」を鍛えなければいけない時代

アメリカは弱肉強食の社会でありながら、キリスト教的なチャリティ精神があって、お金持ちが貧しい人たちの施設や、福祉のために多額の寄付をします。しかし日本にはこうしたチャリティ精神も、地位の高い人がより高い責任を負うノーブレス・オブリージュもありませんから、終身雇用や年功序列といった一般のサラリーマンを保護する仕組みをなくしてしまうと、大変なことになるような気がします。

昔は会社が、従業員の家族も含めてずっと面倒を見てくれたわけですが、今は簡単に会社を放り出されてしまいます。その後、どんな生活が待っているのだろう、という話を子供に聞かせても、なんとなくはわかるはずです。

それが三年生からわかるのか、五年生からなのかは人それぞれの発達段階があるので一概には言えませんが、繰り返し話して聞かせるべきでしょう。

夫（子供たちにとっては父親）の給料の話から、社会の事件やニュースまで、世の中の実例を教えることは、「私のうちには財産はないから、何とか自分の頭で生きていってくれるように」という気持ちが背景にありました。「あてになるのは自分の頭脳だけだよ」ということを伝えたかったのです。

これからはますます「自分の頭」を鍛えなければいけない時代です。戦後の混乱期もそうでしたが、社会が急速に変わっていくときには、賢さがなければ急速に没落することもあり得ます。今、食べるのに困らないからといって、適当に育てたのでは、近い将来、惨《みじ》めな思いをするのは子供たちなのに、と思えてなりません。

第2章　子供の「健全な負けん気」を育てる

他の子供と違うことを、親が気にしてはいけない

今の子供には昔以上に「負けん気」と「生きる力」が必要

1章の最後で触れたように、日本の社会はますます競争が厳しくなって、勝者と敗者の差がハッキリと出るようになります。先の総選挙で「郵政民営化」を旗印にした与党が圧勝したのも、競争社会に向かうことを大半の人が「それでいい」と認めている証拠でしょう。

ところがそれとは逆に、子供は競争からできるだけ遠ざけられようとしています。徒競走《ときょうそう》で手をつないでゴールするなどという愚かな試みはその最たるものです。「ゆとり教育」は見直されることになったとはいえ、順位をつけるのは悪いことで、小学校では誰もが理解できる最低限のことしか教えないことが良しとされているのです。

取り柄もなければ欠点もない子供にするような、変な平等主義があるようですが、これは私にはものすごく奇妙なことに思えます。苦手なことは誰にでもあります。走るのが遅い子もいれば、勉強が嫌いな子もいる。音痴の子だっているわけです。

その代わり、誰よりも得意なものがあればいい。競争社会は、欠点がないことよりも、得意なことがあるほうが有利だと、少し考えれば誰だってわかります。

私が子育てをしていた時代以上に、今の子供には「負けん気」と「生きる力」が必要なのに、まったくといっていいほどそれを植え付けないのです。学校では順位を出すことは能力差を認めることだからよくないとか、いじめにつながるなどといっているわけでしょう。

秀樹はいつも徒競走ではビリでした。運動会も幼稚園くらいまでは、ビリでも可愛らしくていいのです。誰もがみんな転んだり起きあがってまた走ったりで微笑《ほほえ》ましいのですが、小学校になると、親としても見ていて忍びない気持ちになりました。

兄弟二人とも走るのがものすごく遅いのです。下の子は運動会の二〜三日前になると、いつもお腹が痛くなっていました。だからといって、競走が悪い、競走をやめて欲しいとは思いませんでした。

「負けたら悔しい」という当たり前の感覚を身に付けさせる

しかも秀樹はよくいじめられていました。しかし私は「勉強して見返してやれ」とは言いましたが、学校に文句をつけに行ったことはありません。

学校に苦情を言って、いじめた子に謝らせて仲良くなったかのような錯覚《さっかく》を持たせても、子供のためにはなりません。社会に出れば親が守ってやるわけにはいかないのです。

今、中高年をリストラする際には、強烈にいじめて自ら辞めるように仕向けたりすることもあるわけですから、それを耐えるなり、自分で解決する力を植え付けるほうが、はるかに大切だと思います。

「負けず嫌い」な心を鍛え、伸ばして、負けたら悔しいという当たり前の感覚を身に付けさせることが、現代の子供にこそ必要なのです。大人になったら厳しい競争社会が待っているのに、子供のころだけ甘い世界に浸《ひた》らせるのは大人の欺瞞《ぎまん》という他ありません。

「負けん気」「負けず嫌い」という言葉自体、スマートではないようで、最近はあまり使われなくなったような気がします。

しかし、大成した人は例外なく「超」のつくほどの負けず嫌いです。

逆境でも、失意のどん底でも「なにくそ!」「このままでは終わらない」という気持ちがないと何事もうまくいかないでしょう。偉人伝やビジネスの成功物語で、うまくいった理由や方法は千差万別《せんさばんべつ》ですが、負けん気の強さや、負けず嫌いであることはどの人にも共通していると思います。

私自身、負けず嫌いでしたから、何事も中途半端にしておくことができません。本人にやる気があるのなら、私も徹底的に協力するといつも言っていました。「一番になれ」ではなく「やるなら徹底的にやれ」が口癖でした。他人と比べてどうなのかではなくて、全力でものごとに当たることがずっと大切です。

勝つために他人を蹴落とすのではなく、弱くなりがちな自分に対して負けず嫌いであって欲しいと思っていました。

和田家の習慣術 5

やるなら徹底的にやらせることで「健全な負けん気」は育つ

周りの子供と違っていても気にしない

子供のころから一風変わっていた秀樹ですが、それでも幼稚園や小学校の低学年のころは『ウルトラマン』のような怪獣の出てくるテレビ番組が大好きでした。けれども、そういう番組から卒業するのも早かったのです。

小学校の四年生くらいでしょうか、『仮面ライダー』が大ブームになったことがあります。周りの子は『仮面ライダー』が大好きで、男の子はほとんどといってもいいくらいおもちゃを買ってもらったりしていましたが、秀樹はその子たちを「幼稚だ」といって距離を置くようになりました。

精神年齢の高さに喜びを感じているようなところがあって、同級生たちとあまり遊ばなくなったのですが、私はあまり気にしませんでした。

最近のお母さん方は、自分の子供が誰かと遊ばないと、孤立しているのではないかとか、いじめられているのではないかと慌てたりするそうです。友達と何となく仲良さそうにしているからといって、いじめがないわけではありません。

むしろ仲間はずれになっていじめられるのが怖くて、表面的に仲良くしていることもあるわけですから、そんなことで安心はできないのです。それよりも、自分の子供の性格をしっかり認めてあげる勇気を持ったほうがいいのではないかと思います。

小学校に通っていたころの秀樹はとにかく負けるのが悔しくて、一番でないと嫌だという性格でした。私が「一番になれ」と言ったことは一度もありませんが、こと勉強に関するかぎり、何でもよくできました。

しかしあるとき、学校のテストで女の子が一番になったことがありました。それがよほど悔しかったのでしょう。その後、作文で「自分が負けてあの子が一番になったのは、先生がひいきしたからだ」と書いて出したのです。

負けん気は強いし、弁は立つしで先生も苦労されたと思いますが、私も大変でした。自分が何でもできるので、できない人の気持ちがわからないようなところがありました。そのことをいつも注意していたような気がします。

ただ、他の子供と違っていることは、私はかまわないと思っていました。走るのが遅くて、逆上《さか》がりができないからといって、みんなのできることができないからダメだとは思いません。つまらない「普通」にするために、矯正《きょうせい》するつもりはありませんでした。

いじめられてもへこませない方法

秀樹が小学二年生のとき、父親の転勤で東京の練馬区《ねりま》に引っ越しました。生まれ育ったのが大阪ですから言葉は関西弁です。小学校では「関西弁、大阪弁」と囃《はや》されて、仲間はずれにされました。

だからといって、学校に私が相談に行くことはしませんでした。そのころはいじめが今ほど問題視されていなくて、親よりも学校の先生が立場的に強かったし、親が出て行くことで子供たちの間でかえっていじめられかねなかったからです。

もっとも、秀樹にも責任の一端はありました。転校生というと慣れるまでしばらくは小さくなっているのが通り相場ですけれども、秀樹は授業中にうろうろと歩き回ったりするから目立つんです。

しかも小学校へは集団登校していたのですが、転校して間もないころから六年生の班長さんにことごとく逆らっていたのです。

たとえば横断歩道を渡るとき、班長さんが「手を上げて渡りなさい」と言ったら、そのまま上げっぱなしで小学校まで行ったことがあって、その子のお母さんが苦情を言ってこられました。「降ろせと言わなかったから」というのが秀樹の言い分です。なぜ、逆らってばかりいるのか理由を聞くと「いつも大阪弁をバカにするから」ということでした。

そんなとき、外では「すみません」とひたすら謝っていた私ですが、秀樹には「いじめる人間のほうが卑《いや》しい」と諭《さと》していました。運動のできる友達にバカにされて帰ってきたときは「あなたが将来、そのアホな男を使うようになったらええだけの話や」とまで言って叱咤激励《しったげきれい》しました。

「東京よりも関西のほうが歴史もあるし文化的に優れている、大阪弁をバカにするほうが田舎者《いなかもの》や」とも言って聞かせました。

一方、下の子は素直で従順でしたからいじめられません。兄の小学校での言動を、毎日報告してくれましたが、そのたびに私は肝《きも》を冷やしたり呆《あき》れたりしたものです。

いじめにも耐え抜く「強さ」を、どう子供に植え付けるか

小学生くらいなら運動ができると人気者になれます。ところが秀樹は、運動はまるきりダメで、成績は抜群、しかも負けん気が強いものですからいじめられます。でも、それはそれで仕方ないと思うわけです。

現代のいじめはほとんど犯罪化していますから、同列には考えられないでしょうが、昔の小学生ですから、せいぜい言葉で囃《はや》し立てるくらいでした。

秀樹も「小学校では殴られたり蹴られたりしていたわけじゃないからね。むしろいじめは、灘のほうがひどかった」と言っています。実際、灘中に入ると、生徒はみんな成績優秀なだけに、いじめも陰湿《いんしつ》化していたようです。

教室の、教壇の後ろに人間が一人入れるくらいの大きさのゴミ箱があったのですが、その中に閉じ込められるのです。外側にあるかんぬきのようなカギをかけられて、授業の間じゅう押し込められたこともあったそうです。

泳げないのが知られたときは、プールに連れ込まれそうになったことがあって、そ

のときは二時間ぐらいクラブの部室に立てこもったそうです。

あるときさすがに学校に苦情を言いましたが、「もっとひどいことがあります」で終わりでした。自他共に認める一流の進学校で、何ということかと腹が立ちましたし、いじめられたことを憤《いきどお》っている秀樹のことは、すごく心配でした。

「あなたの性格を直さないとどうしようもない」とは言いつつも、だからといって「性格を直していじめられないようにおとなしくしなさい」とは言いませんでした。たとえそんなことを言ったところで聞かない子ですし、いじめに耐える力を付けるしかありません。

このときもまた「どうせあなたは自分を変えられないから、違うところで見返しなさい」と檄《げき》を飛ばしたのです。

いじめにも耐え抜く「強さ」を植え付けるためには、何か子供の得意なことで「勝つ経験」をさせるのがいちばんです。それは、勉強でもスポーツでも、囲碁将棋《いごしょうぎ》でも何でもいいのです。勝った経験があること、勝てる分野があることで、子供は理不尽《りふじん》なことにも耐える「生きる力」を身に付けることができるようになります。

逆上がりができなくてもかまわない理由

親は子供に「勝つ経験」をどこでさせるのか、よく見極める必要があります。たとえば子供が徒競走で負けたときに、それを頑張って逆転できるかどうか、親は見抜かないといけません。多少練習して追いつけそうなら、そこで頑張るのは大いに意味があります。次の運動会で勝つことができれば、子供にとって大きな自信になるでしょう。

しかし極端な差をつけられて負けたのなら、これを挽回《ばんかい》するのは、ドラマやお話としては格好いいのですが、現実的ではないことを直視しないといけません。勉強でも音楽でも、別なところで勝ち返せばいいのです。あきらめたらおしまいです。

負ける体験しかしていないと、どうしてもへこたれてしまいますから「勝ち体験」も与える必要があるのです。負けっ放しでは「また負ける気」が心身に染み込むだけで「負けん気」は付きません。勝ったことがあるから「なにくそ！」という気にもなれるのです。負け犬根性が染み付いていると、またいじめられてしまいそうなことは簡単に想像できるでしょう。

運動ができないことを、練習して運動で挽回するよりも、勉強など別のことで挽回するほうがずっと効果的です。

逆上がりにしても、できないとまるで重大な欠陥があるかのように扱われてしまいます。だからみんな必死になって練習させるわけだし、それがいいことのように思われています。

けれども小学生では知能の発達段階以上に、体の成長差が大きいわけです。二年もすれば少しの練習でできるかもしれません。

ところが逆上がりは、その学年の間にできないといけないという強迫観念が強いわけです。勉強に関しては、その学年でできないことがあっても、割と鷹揚《おうよう》です。算数の「比」がよくわからなくても、社会科で「各県の県庁所在地」を覚えていなくても、そのまま次の学年に進む子はいっぱいいます。

運動と勉強を比べたら、子供のうちはとくに、どう考えても運動のほうが個人差が大きいわけです。体の大きさや筋肉の付き方が、みんなバラバラです。小学生ぐらいだと、四月生まれと三月生まれの差も相当大きい。子供のころは、筋肉で倍以上の差がつくことも、いくらでもあります。

けれども、脳の重さが倍ある子供なんかいません。つまり勉強は、どうにか挽回できるわけです。

運動の挽回の難しさのほうがはるかに大きいのですから、親子して逆上がりを泣きながら努力するのは、「勝ち体験」作りには役に立たないと思います。

和田家の習慣術 ⑥

子供に「勝ち体験」をさせることで、いじめにも耐える力が育つ

人と比べることは、決して悪いことではない

「子供はひとりひとり、みんな素晴らしいのだから、他人と比較してはいけない」と主張する人がいます。でも、本当にそうでしょうか。

二人以上の子供を育てている人はよくご存じだと思いますが、人の特性は兄弟でもまるで違います。秀樹が宇宙人のようだったのに比べると、弟は普通の子供でした。

でも、兄のほうは落ち着きがなくてふらふらしているのに対して、弟は几帳面《きちょうめん》で落ち着いているので、二人が一緒にいるといつも弟が兄に間違えられるのです。だからお使いに行くときでも、財布を持つのはいつも弟でした。お金の出し入れなど、秀樹よりずっときちんとしていたのです。

人間の能力や特性は、それぞれみんな違います。ある部分は優れていても、別な部分は劣っているということは、世の中に当たり前にあるわけです。その違いを認めないで、みんな同じように素晴らしいなどという幻想があるから、矛盾《むじゅん》が噴き出すのです。

確かに親にとっては、わが子はみんな大切です。幼い子供が健《すこ》やかに成長していく姿を見ることは何よりの励みですし、病気のときは本当に心配になります。しかし、いつまでもそれだけではいられません。能力や特性の違いが表われてくるからです。その際、他人と比較することで、自分が優れている点、勝てそうなことがわかってくるわけですから、そこを伸ばせばいいのだと気づくでしょう。

つまり、人と比べることは、決して悪いことではありません。私は「人間はみんな別々。違う存在」という発想でしたから、それを前提にして子供たちに教えました。

誰にもダメなところもあれば、取り柄もあるわけです。その取り柄によって弱点は克服できます。子供を育てるからには、その取り柄をどこかで何か見つけないといけません。本来、それがいちばんわかっているのが親なのではないでしょうか。

「負けん気」と「基礎学力」が役に立つとき

私はさらに、「自分には、他の誰とも違う取り柄があって、ダメなところはそれで挽回すればいいんだ」と、子供が自覚していることが大切だと思うのです。全体で考えて気持ちの切り替えができるようになるからです。

たとえば中学受験で失敗しても「これがゴールではないのだから、大学受験で頑張ろう」という発想もできるでしょう。中学受験では挽回するのは無理でも、学歴の勝負は大学なのですから、しょんぼりする必要はありません。

第一志望ではなかった中学や高校に入っても、大学で東大や京大に入れば一挙に挽回できるのです。逆に中学で名門校に入っても、そこで油断してしまい三流大学に進むのとでは、人生がぜんぜん違ってくるはずです。

中学受験だって、勝者がいれば敗者がいるわけです。そこで気持ちがポキンと折れてしまっては、それまで一二年間の子育てがうまくいっていたとはいえません。

私の次男は、灘中の受験に失敗しました。ほんの一点差だったことがわかっていましたから、高校入試で灘に再チャレンジさせてくれと言いましたが、私はさせませんでした。せっかく中高一貫の学校に行っているのだから、高校入試で灘にリベンジするより、大学入試の結果で見返しなさいと説得したのです。その結果、違う高校で頑張って、結局は東大に入りましたが、それも次男に「負けん気」がしっかり育ち、「基礎学力」がちゃんと身に付いていたからだと思っています。

この二つ、「負けん気」と「基礎学力」が、子供が中学に入るまでに、親が身に付けさせなくてはいけないことです。それだけ持たせておけば、挽回することも十分可能なのです。後から追いつこうと思ったときに「基礎学力」がないと、再スタートを切ろうにもできませんから、これはおろそかにできません。

やがて思春期になると、親の言うことを聞かない時期があります。その時期に「勉強しろ」だの、「自分で稼げる人間になれ」などといっても反発されるだけでしょう。でも、子供に「負けん気」と「基礎学力」が身に付いていれば、親は「この子はいずれやるだろう」という信頼も自信も持てるわけです。

「みんなと同じ」を過剰に求める現代の親たち

最近の親御《おやご》さんたちは、子供が少しでも変わっていると、すぐに「いじめられるのではないか」と心配になるのだと聞きました。「勉強ができる」「絵がうまい」といった長所であっても、突出した能力よりも、まんべんなく「普通」にできて欲しいと願うようです。

まして「他の子供と遊ばない」などというと、恐怖に駆《か》られてしまうのでしょう。若いお母さん自身、幼い子供を連れて近所の公園に行くことを「公園デビュー」と呼んで、うまく溶け込めるかどうかが心労になっているとも聞きますから、問題の根は深そうです。

ひとり遊びが好きな子だったりすると「学校で、他人にうまく合わせてやっていけるかしら」とか、「孤立してしまうんじゃないかしら」などと不安になったり、悪い友達がいても嫌だけど、自分の子に友達がいなさそうなのも嫌。真ん中あたりでバランスよく収めて欲しい。――そんな気持ちが広がっているのではないでしょうか。

でもそれは「普通」を求めすぎているのではないかと、私には思えてなりません。何度も触れたことですが、とにかく秀樹は「変わった子供」でした。小さなころから、何を言っているのかはわかりませんが、ずっと何かをしゃべっていたこともそうです。

幼稚園のころからは、図鑑とか百科事典とか、いろいろなものを見て新しいことを覚えては、つぎつぎに人に質問するようになりました。本当に理解していたかどうかはわかりませんが、いつも誰かを質問攻めにしていました。

小学二年生で、夫の転勤で東京の社宅に入ってしばらくすると、秀樹は周囲の大人から避けられるようになりました。たとえば「(宇宙船の)アポロの中はどうなっているの?」「カモノハシを知ってる?」などと、社宅の住人に手当たり次第に質問するんです。

初めのうちは「賢いね」と褒《ほ》めてくれていた周囲の人たちも、しばらくすると「何を聞かれるかわからない」といって恐々《こわごわ》とするようになりました。子供らしい感想も言わないし、しつこく聞くものですから、嫌がられたのです。

下の子は、そんなこともなく「普通の子だな」と思っていましたけれども、秀樹には「みんなと同じようになれ」と「普通」を求めたりはしませんでした。

親は「普通」ではなく「特性」を探すべき

運動も苦手だし、協調性もない秀樹でしたが、わが子の特性がそうならば、頭の良さを伸ばすしかありません。性格に変わったところはあるけれども、知的なことに興味があって勉強ができるのなら、その長所を伸ばせるだけ伸ばそうと思ったのです。

実は、秀樹も小学校低学年のとき、順天堂《じゅんてんどう》大学のスポーツ教室に通ったことがあります。でもそこで、勉強はさせると伸びるけれども、スポーツはいくら通っても伸びないことを悟りました。正直なところ親も疲労困憊《こんぱい》でした。社宅の庭でキャッチボールなどもしましたが、「やはりこれはあかんな」とよくわかったのです。

無理に協調性や運動能力を伸ばそうと「普通」を押し付けても、受験に負けると結局、普通のサラリーマンにならざるを得なくなります。もしそこで組織に合わせられない性格が頭をもたげると、世の中で生きていくのは大変です。

それなら、特性を活かして「一点突破」で生きていけばいいのです。性格うんぬんよりも、私はまず「生きる力を付けること」だと思います。

昔の親は、子供の適性を見てどこを伸ばせばいいのかと、よく言っていたような気がします。手先が器用だから職人になれとか、そんなに機械が好きなら自動車修理の道に進めだとか、将来の職業についてあれこれと言っていた親はたくさんいました。それにからめて勉強の大切さを、家庭でストレートに話していたと思います。

今はまるで「サラリーマンになる」という前提があるようで、学校を出るころになって、親は「どの会社を受けるか」ということに口をはさみます。

途中はすべて学校などの他人任せですから、子供の特性がいちばんわかっているはずの親の出る幕がありません。突出を嫌って過剰なくらい「普通」を求めたり、性格がいいだの悪いだの周囲に言われて、喜んだり不安に思ったりするのも、肝心なことを他人任せにしているからではないでしょうか。

私からすると、これはとても無責任な子育てだと思います。

「性格のよさ」と「生きる力」、どちらが重要か？

「突出」よりも「まんべんなく」を求める親御さんたちは、「よい子」の意味をはき違えているように思えます。つまり、今は「周囲にうまく合わせられる子供がよい子」とされているようですが、おそらくそうではないでしょう。

性格は大人になってからでも変わります。「丸くなる」という言葉もありますし、子供のころは癇癪《かんしゃく》持ちでも、大人になって穏やかになっていく人は大勢います。逆に、年齢とともにひねくれたり猜疑心《さいぎしん》が強くなっていく人もいます。その違いは何でしょうか。

私は「衣食足りて礼節を知る」ということではないかと思います。ある程度、豊かになり、他人からも尊敬されるような立場になっても、ずっと悪い性格であり続けることは、まずないと思います。

「昔の自分は確かに性格が悪かった」と認める秀樹も、大人になってずいぶんと丸くなりました。変わり者であることやいじめられていたことにまつわって身に付いた負けん気は、性格が悪いと謗《そし》られることもあるわけですが、社会で成功するためには大切です。

逆に、かなり性格がよくても、不遇があまり続いたり、バカにされたり、ペコペコし続ける人生だったりすると、やがて僻《ひが》みっぽくなり、世を恨み上司を恨みと、卑屈な人間になっていきます。

子供のころから、性格のよさを求めるあまり、周囲に合わせることばかり教えて、学力をはじめとする個々の能力をおろそかにしているのは、わが子の将来をかえって狭《せば》めてしまうことに気づかなくてはいけません。

和田家の習慣術 ⑦

親が「普通」を求めていては、子供の「生きる力」は育たない

負けん気が強くてもギャンブルは禁止

いくら集中力があって負けん気が強くても、間違った方向に発揮されては元も子もありません。

麻雀やパチンコなどのギャンブルは、時間も取られて有益なことは何も生み出さず、しかも身を持ち崩す人もたくさんいます。

恥をさらすようですが、仕事上のつき合いがあったにせよ、夫が毎晩のように徹夜麻雀をしていて苦労しました。

知らないうちに夫がサラ金からお金を借りて、その催促の電話がかかってきて嫌《いや》な思いをしたこともあります。

人それぞれの性格がありますから、夫には「麻雀をやめてくれ」とは言いませんでした。懇願《こんがん》したところでやめたりはできませんから。けれどもそれが「よくないことだ」と私は思っていますから、子供たちには「ギャンブルは禁止」と繰り返し言い聞かせてきました。

ギャンブルに溺《おぼ》れる人が間近にいたとき、影響されて同じように惑溺《わくでき》するタイプと、嫌だなと反発するタイプの二通りあるのではないかと思います。前者なら人生を棒に振ることにもなりかねません。それでは困りますから、子供たちには徹底的に言い聞かせました。

ほどほどにしておけばいいのかもしれませんが、度を超すと大変です。結婚前、実家の母親から「ギャンブルは腰が曲がってもする」といって夫との結婚を反対されたのですが、事実、そのとおりになってしまいました。

息子は二人とも中学から私立に入りましたから、お金もかかります。ちょうどそのころから、夫の勤めていたカネボウは、四〇歳昇給停止を導入したので家計は火の車です。

私もパートに出て働いたこともありますが、いよいよ逼迫《ひっぱく》してくると、実家の母がこつこつと和裁で得ているお金を借りました。

お金を借りに行くのは、通っている学校が近かった次男の役目でしたから、そのたびに祖母から「だから結婚に反対したのだ」「サラリーマンはダメだと言ったのに」などと、繰り返し聞かされたようです。

そうしたこともあって、次男は社会の厳しさに触れながら育ったところがありますが、「ギャンブルに近づかなかったのは、おばあさんとお母さんの教育のおかげだ」と言ってくれています。秀樹もギャンブルは絶対にしません。

第3章 「行儀」と「型」を叩き込む

親は決して子供におもねらない

迷惑行為は許さない

どんなに勉強ができても、人に迷惑をかけたり社会のマナーに触れることは許されません。子供たちには、行儀の悪さや卑しさを軽蔑する人間になって欲しいと思いましたから、小学校に入る前に、基本的なルールを叩き込みました。

秀樹は変わり者でしたし、私もそれでいいと認めていましたが、基本的なしつけは厳格にしました。幼稚園のころ、いじめられた仕返しに、秀樹が缶で相手を叩いて出血させたときには、徹底的に叱りました。負けん気が強かったから、素手ではかなわないと思ったのかもしれませんが、人を傷つけることは、どんな理由があっても許されないことです。

小学生になると電車の中では座らせずに立たせましたし、うろつき回ったり、大声ではしゃぐような行儀の悪いことをしたときは、厳しく叱ったことが何度かあります。

最近の親たちは、自分に迷惑がかからないかぎり怒りません。その代わり「あの人が怒っているからやめなさい」という言い方をしますが、これはおかしいと思います。自分に原因があって他人に迷惑をかけたのなら、行動を正したり謝るのは当たり前ですし、それに気がついたのなら、親がきちんと叱るべきでしょう。

私には「子供は親次第」という信念があります。

電車の中で、周囲の迷惑も顧《かえり》みずに騒いでいる子供がいると「あんなものを放っておいている親の顔が見たい」と思いましたし、秀樹たちにもそう言いました。犯罪事件のニュースがあると「私やったら、あんなふうに育ったら生きてへん」と明言していました。

子供が何かうまくいかなかったときには、子供に原因があるとは思いませんでした。親の責任、親に原因があると考えてきたのです。

勉強にしても、ちゃんと親がさせていたらできるはずです。たとえ今は苦手でも、いつかはできるようになるはずだと思うのです。

今は「子供の人生は子供の好きにさせてやるべきだ」という考え方が強いのですが、私はそれと対極でした。子供は人生経験もないし、何も知らないのだから、親がちゃんと導くべきでしょう。子育てをしていたときも、今もそう思います。

向上心のある親の下では、向上心のある子供が育つ

いじめられっ子でも変わり者でもいいけれども、法律や公衆道徳が守れる人間に育てることは親の務めです。一時期、灘中でも万引《まんび》きが流行ったことがあるのですが、犯罪は犯罪です。「法律に触れることはダメ！」と教えていましたから秀樹は、まったく関わりませんでした。

秀樹も「万引きするなど想像できなかった」と言っていましたが、「みんながしているからいいだろう」と流されずにいてくれたことは、幼いころから社会のルールを守るように言い聞かせてきたことで、倫理感が育ったのではないかと思います。

また中学生くらいになると、母親を母親とも思わなくなって、召使いか何かのように扱う子供もいます。ひどいのになると、食卓で醤油差《しょうゆさ》しを取って欲しいときも「それ！」などと、あごで指すような子供を見たこともあります。

私は、そういうのは絶対に許しません。ここまでひどくなくても、親だからといって当然のように頼まれるのは嫌です。よその人でも、親であっても「お願いします」

「ありがとう」はきちんと言わないといけません。

だらしないのも許せないし、下品だったりガラの悪いのも私は嫌いですから、言葉遣いやものの言い方にはとくに厳しかったと思います。

子育てには親の価値観が反映します。だらしない親の子供はだらしなくなってしまいますし、向上心のある親の下では、向上心のある子供が育ちます。勉強以前に、こうした「当たり前のこと」をおろそかにはしたくありません。

勉強さえできればいいとは決して思っていませんでした。かといって、スポーツも音楽もとまんべんなくできなければいけない、させなきゃいけないという発想はありません。「勉強ができても、社会のルールに従えんかったらあかん」と、これだけは何としても伝えなければいけないと思っていたのです。

小学校に入る前に基本的なルールを叩き込む

勉強ができるからといって特別扱いするようなら、社会性がなくて鼻持ちならない大人になるだけです。これでは、ひとりで生きていける人間を育てているとはいえません。

私は、子供が学校でいじめられても、文句をつけに行ったりはしませんでした。いわゆるルールとは違いますが、世の中の理不尽《りふじん》を身をもって知る機会でもあるからです。

その意味で、うちの子供にとって小学校の間は、私のことが怖かったと思います。最近、ニュースなどで見聞きする二〇代、三〇代の「引きこもり」などは、自分の力で社会に立つことができない大人にしてしまったわけですから、厳しい言い方かもしれませんが、子育てとしては失敗でしょう。その子が「自分が自立できなかったのは親のせいだ」と開き直ったり、暴力をふるうのは容認できませんが、親に責任の一端があることは免《まぬか》れません。

子供は育つにしたがって、親の言うことを聞かなくなります。日々成長しているのだから当たり前です。だからこそ、小さなうちから行儀をしつけ、社会のルールを叩き込んで、自分で食べていくのだという覚悟と能力を身に付けさせないといけないのです。

少なくとも行儀は、誰でも身に付けられるものですし、基本的なルールの第一歩になるものですから、おろそかにはできません。

幼いから、可愛いからといって甘やかすのが愛情ではないと、ほとんどの人はわかっていると思います。でも、厳しくするのは自分も辛いですから、「みんな甘やかしているからいいじゃない」となりがちです。

そのツケは二〇年、三〇年たつと、必ず回ってくるのではないかと思います。

「みんな」ではなく「社会のルール」に子供を合わせる

今は小学生でも携帯電話を持っている子供がたくさんいます。公衆電話がずいぶん減ってしまったので、持っていると確かに便利そうですが、本当に必要なものなのでしょうか。

連絡用に必要だったとしても、ゲームやカメラなど機能がたくさん盛り込まれてる機種を与える必要があるのでしょうか。それが「みんな持っているから」で、買い与えているとしたら、私には由々《ゆゆ》しきことに思えます。

それが髪の毛を茶色に染めたり、ピアスであっても、「みんなしているんだからいいじゃない」と言われたらどうでしょう。やはり「そうか、みんななのか」と納得する親もいるかもしれません。そのほうがなぜダメなのかを説得するより、楽ですから。

私には「みんなと仲良く」という発想が勘違いされて、何よりも優先してしまっているように思えます。けれども「みんな」に合わせていたら、万引きもだらしなさも、すべて許されてしまいます。

肝心なのは「みんな」がどうかなのではなく、それぞれの親の考え方が厳然としていることなのではないのでしょうか。

私が合わせようとしたのは、社会のルールであり、社会で通用している道徳なり規範でした。子育てや教育の目的は「ひとりで生きていけるようになって欲しい。幸福で、誇りを持って」ということだと思っていましたし、それが私自身の価値観でもありました。

大人は、責任を持って子供をしつけなくてはなりません。子供におもねるのは間違いです。だから私は叱るとなると、徹底的に叱りました。その場で私の剣幕《けんまく》に気圧《けお》されて「ごめんなさい」と言ったくらいでは、許しません。しばらくは口もきかなくなったりしましたから、子供たちから私の機嫌を取るように謝ってきました。

そうできたのも幼いころから、叱るべきときは叱っていたからだと思います。男の子二人ですから、生意気になってくると、なまなかなことでは言うことを聞きません。怒るときには手も出ていました。

今の親は叱ったあと、子供が落ち込んだらヨシヨシとやっていますが、それはどうかなと思うのです。腫《は》れ物《もの》に触るように扱って、いっとき怒ってもすぐになだめたり、子供とテレビの話題で普通に会話するような感覚は、私には理解できません。

そんなことでは、子供もどこが悪くて叱られたのかわからないし、骨身に染み込むほど納得することもないでしょう。

和田家の習慣術 8

勉強の前に「社会のルール」を徹底して教え込む

子供がぐれたら私も生きていないという覚悟

大人と子供は違います。それを対等だと誤って捉《とら》えているか、あまり考えていない人が多いようですが、子供は自分のしたことの責任は取れません。もしそのツケを自分で払うとなると、将来が台無しになるという形になってしまいます。

だから、その分も親がしっかりと面倒を見なくてはいけないわけです。

私は、子供がぐれたら私も生きていないという覚悟でいましたから、「世間に顔向けできないような問題を起こしたときは刺し違える」と、小さなころから何度となく言い聞かせてきました。叱るときはいつだって真剣勝負です。中高生ともなると男の子に対して気合い負けしないような強い心構えと迫力が必要だったのです。

子供たちからすると、抱きしめられて育ったとか、すごく愛されているという感覚はなかったかもしれません。「きちんとしろ」「ちゃんとしなかったら損するで」と言い続けてきましたから。

しかし、猫のように可愛がって何でも許したり、親子で友達のような口のきき方をするのが愛情のはずがありません。

あるとき夫に、「私の顔は九〇パーセント子供に向いていたから、申し訳なかったね」と言ったところ、次男から「いや、お母さんは九九パーセント子供を見ていた」と言われたことがあります。そのくらい真剣に対峙《たいじ》していると、ベタベタしなくても「とにかくあなたたちが大事なのだ」という思いは確実に伝わると思うのです。

子供が親から愛されているという感覚を持つのは、ベタベタと抱きしめてくれるから、ということではないと思います。子供たちに生きる力を持って欲しいから、ルールを叩き込んで現実を教えるのは、子供には厳しく思えても、親の本気のメッセージの裏にある深い愛情をいずれ感じ取ってくれるものだと、私は自分の経験からも確信しています。

猫かわいがりするよりも、子供にとって最善の環境を用意する

正直なところ、私はベタベタと甘えられるのが苦手でした。自分が可愛がって構ったり、一生懸命に世話をするのはいいのですが、甘えられたくなかったのです。それ

だけに、小さいころからしつけに熱心だったのかもしれません。

だからといって、子供を大切に思う気持ちは人一倍だったと自負しています。甘やかしはしないけれども、子供たちを愛するからこそ、現実を直視しようと思ったのです。私は、ベタベタと猫かわいがりするのではなく、できるだけいい環境を整えてやりたいと思いました。

秀樹は小学校に入ると、授業がつまらないからといって立ち歩きをしていたことは先に述べましたが、このときは、私は叱ったりはしませんでした。全部わかっていてつまらないのならと、もっと難しい小学校に転校させたのです。

塾でもそうです。最初に通った塾で、一番になってしまうと慢心しそうでした。だからもっと難しい塾に入れ直しました。簡単に一番になってしまうような環境で「気持ちを引き締めろ」と言ったところで、効果は期待できません。

「親が過大な期待をかけると子供を押し潰す」といって、子供に発破《はっぱ》をかけることを避けようとする意見がありますが、私も絶対に無理強いはしませんでした。

私はあくまで、今の環境のなかでベストを尽くせという方針でした。東大に憧れは持たせても「東大に入らなければダメだ」などという圧力はかけたことがありません。大阪在住の関西人でしたし、東大という存在にあまり現実感がなかったのです。過大な期待というよりも、親子とも「できるだけのことを徹底的にやろう」という考えだったのです。

ただ、勉強の進み具合や子供の健康状態は、自分の睡眠を削ってでも心配しました。こうした親の努力や自己犠牲が、確かに子供に伝わったと思います。

次男は「お母さんはそこまでやってくれた」と言ってくれますし、秀樹も「本気だということがよくわかった」と言っています。

最近、新聞で読んだことですが、バイオリニストの五嶋《ごとう》みどりさんのお母様は、みどりさんにいい先生のレッスンを受けさせるため、ニューヨークに住んだのだそうです。でも、お金に余裕があったわけでもなくて、お母様は空《あ》き缶《かん》拾いまでしながら娘にレッスンを受けさせたのだと、新聞に出ていました。

やるなら徹底的に。親は最善の環境を整えて、協力を惜しまない。才能ももちろんですが、親の覚悟と姿勢が、一流のバイオリニストを育てたのだと感銘《かんめい》を受けました。

見返りを求めないから親の気持ちが伝わる

秀樹は何も言わなくても勉強するような変わった子供でしたが、次男は「普通の子供」でした。ですから、ときには「勉強しろ」と言いたくなったこともあります。でも、絶対に「勉強しろ」とは言いませんでした。

理由もなく命令されれば反発するのは人間の本能かもしれません。ただ「勉強しろ」と顔を見るたびに迫られれば子供は嫌がります。

どんなことでも自分のためにやっていると思えればこそ、些細《ささい》なことは忘れて取り組めるわけですし、何かの目的があるから進んでするのではないでしょうか。あるいは、それをやらないと自分が不利益を被《こうむ》るとわかれば、必死に頑張るのが人間です。

だから「勉強しろ」とはいっさい言わず、「勉強しなければ世の中は何かと大変やで。自分が損するよ」と、現実を踏まえながら徹底して言ってきたわけです。惨《みじ》めになりたくないと思えば、子供も本気で頑張れます。

将来、子供が成長したときの見返りを期待しているわけではありません。親のためではなく、自分たちのためなのだということを理解させようとしました。つまり「親は勉強のお金を用意してやる。環境も整えてやる。でもそのことで親が得をするわけではない」ということです。頼んでまで勉強してもらおうとは、露《つゆ》ほども思いませんでした。

今は、親が子供に懇願して勉強してもらっているように見えることもありますが、子供が親に対して「勉強してやっている」という立場になることは、どう考えてもおかしい。これからますます学歴社会になって格差が開くから勉強させておかないと、と考える親御《おやご》さんは増えていると思います。でも、勉強するのはあくまでも自分のため、将来ひとりで生きていくためなのです。

それを自覚させずに、子供に低姿勢になっていては子供に甘く見られるばかりですし、親の意見などますます聞かなくなってしまいます。その意味で、最近の親御さんたちには、気迫や覚悟が足りないようにも思います。

社会のルールにも関連しますが、世の中には序列や上下関係があることをきちんと教えることが、今こそ肝心でしょう。

和田家の習慣術 9

「勉強しろ」と言うのではなく、「勉強しないと損するのは自分」とわからせる

預けた以上、よほどのことがないかぎり、その先生のやり方に従う

私たちの時代に比べると、今のお母さん方は学歴もありますし学習法もいろいろと勉強していますから、塾の先生に次々と質問や意見をぶつけます。「もっとウチの子供に合った教え方があるのではないか」「子供のやる気を引き出す授業をして欲しい」などといった調子です。

でも私は、自分で教える以上にうまく教えてもらえるから塾に通わせているのではないかと思うのです。疑問があれば尋ねてみるのはもちろん結構ですが、不満や批判を子供の前で口にするのはよくありません。

「教わる姿勢」というものがあると思うからです。美容師の腕がいい悪い、というのとは違うでしょう。素直に尊敬できる先生であれば、勉強も進みます。それほどではなくても、親が「あの先生はちょっと」と言っていては、子供も「よくわからないのは先生のせい」と、努力もせずに責任転嫁《てんか》してしまいます。

師弟関係というと古めかしく感じる人もいるかもしれませんが、「教える人」と

「教わる人」の間には、きちんとした序列があるわけです。そのことをないがしろにしていては、成績は伸びません。

秀樹の通ったS塾は、スパルタ式で有名でした。教室の後ろで、お母さん方が見ていることもあるのですが、問題が解けなかったりすると、その前でめちゃくちゃに罵《ば》倒《とう》されるのです。

「なにくそ！」と思える子供たちは、目に涙をためても頑張るわけですが、そうでないと、通ううちに耐えられなくなって心身に変調をきたす子供もいます。罵倒される子供を見て、先に音《ね》を上げてしまう親もいました。

成績のよかった秀樹は「厳しい先生にひいきされている」と、涼しい顔でしたが、次男は苦労しました。「兄のほうはできたのに。できないのならやめてしまえ！」と怒鳴られたことも何度かありました。そのたびにシュンとしてしまうのです。

それでも私は、S塾のやり方にいっさい文句は言いませんでした。

秀樹にしても、塾で答案を書くスピードを競わされるようになって、それまで書道で賞を取ったりしていたのが、速記《そっき》のような、慣れた人間しか読めない字を書くようになってしまいました。合っていればいい、読めればいいということで、きれいも汚いも関係ないのですね。その後、秀樹の字は今もって汚いままですが、だからといって、S塾の批判めいたことは決して口にしませんでした。

親は徹底的に首尾《しゆび》一貫《いっかん》する

親が文句をつけたり、したり顔で批判をしなければ、子供は先生を信じます。秀樹にしても「偉い先生だと信じ込まされていた」と言いますが、文句も言わずに通っていました。

やはり「やるならば徹底的に」が行動や努力の指針です。中途半端は本当に疲れます。やろうかやるまいかどっちつかずな態度や、「とりあえず頑張ろう」みたいな中途半端な努力は途中でやめることになりかねません。それまでしてきたことがムダになってしまいますし、どちらも辛《つら》い思いをしただけで、何もいいことがありません。

選んで通わせた塾ならば、親が信じて子供にも従わせることが大事でしょう。

私の子供の場合は、何とか路線変更することなく行けましたが、徹底的にやってみて、もし向いていなかったら、その子に向いていることを応援するなり、勉強とは違う路線を考えることも必要だと思っていたのです。

「勉強して一番になれ」と言ったことはありませんが、「やるなら徹底的に」は、合言葉のようになっていました。

「どうしても嫌だったら何もしなくていい。受験をやめてもいい」とも言っていました。徹底してやるなら、お金も時間も惜しまないでつき合うけれども、嫌なら無理にすることはありません。その代わり、将来あなたは苦労するかもしれない、というリスクを負うことも、それ以前から教えてあったわけですが。

「子供は親の言うとおりには育たない、親のように育つ」と言われます。口先だけでどんなに厳しく言っても、ダメなのです。まして親の言うことがころころ変わるようでは、子供も混乱しますし、何よりもなめられてしまいます。

だから、あるときは「社会のルール」に合わせて説教をし、あるときは「みんな」に迎合《げいごう》するような態度をとっている親は、子供から尊敬されません。言葉も耳に届きません。

あるときは怒るけれども、またあるときは面倒くさいからといって叱らない親も増えているように思います。それでいて「親の言うことを聞かない」というのは筋が通らないのではないでしょうか。

親の価値観や目標が、首尾一貫していれば、子供は親の言葉に必ず耳を傾けます。幼いころからそうしてくることで、反抗期になっても、仏頂面《ぶっちょうづら》ながらも親の意見に従うようになるのです。

私は「みんな」や「普通」に合わせる必要はないと、ずっと変わらずに言い続けてきました。「ひとりで食べていけるようになれ」とも一貫して教えてきました。「不良になったら私も生きてはいない」という気迫でいましたが、親が一本筋が通っていれば、子供は決してぐれたりしないものだと思います。

和田家の習慣術 ⑩

親の「首尾一貫した姿勢」があれば、子供は決してぐれたりしない

第4章　孟母三遷《もうぼさんせん》を厭《いと》わない覚悟が子供の「学力」を伸ばす

一二歳までの子供のために親ができることのすべて

小学校卒業までの一二年間は、親が子供の学力をつくる

私は、子供が中学校に入るまでは親の意思と力が、子供の学力を左右すると思っています。

幼稚園や小学校では「将来のために何が大切か」と自分では判断できません。遊びたい気持ちを我慢して、机に向かうのは大変です。子供の興味が勉強に向かうように、親が仕向けないといけません。私が「なぜ勉強しなければいけないか」と言い続けたのも、人生経験の少ない子供たちに、自発的に勉強に取り組んで欲しかったからですし、学力はやればやっただけ伸びるものだからです。

塾に通うのも子供の力だけでは無理ですよね。費用だってかかりますし、家から遠ければ送り迎えもしてやらなければなりません。どうしても親の庇護《ひご》と協力が必要になります。

つまり「小学校卒業までの学力は親がつくる」といっていいのです。それまでの一二年間で、「健全な負けん気」と「基礎学力」を叩き込むことが肝心です。

子供によっては勉強を嫌がるかもしれません。でもとにかくやらせてみる。どうしても嫌がったりしてダメなら違う道を探せばいいと思います。

でも勉強は習慣ですから、小さなころから本を読んだり、宿題を夕食前にすませたりしていれば、極端な勉強嫌いや低学力にはならないと思います。最初から、何もしないで成り行き任せにしてしまうのは、将来の選択肢をかなり狭めてしまうのではないでしょうか。

わが家の場合、秀樹は親も呆《あき》れるくらい知的なことに興味を持つ子でしたし、次男は「兄のようになりたい」という気持ちが強かったので、中学受験を目指して塾通いすることも、当然のようになっていました。

先にも述べたことですが「健全な負けん気」と「基礎学力」があれば、中学生以降、親の言うことを聞かない時期がきても、絶対に大丈夫です。親に反抗することがあっても、学校という社会から脱落しないでいることで、歯止めがかかるのです。

ただ、そうするためには確かに親も大変です。小学校高学年になって塾に通うようになると、サラリーマンの家庭にとっては金銭的な負担も軽くはありません。夕食の支度の時間なども、子供に合わせることになります。それに、親がテレビを見ながら

「勉強しろ」と言っても、聞きはしません。大げさに言うとお金も自分の人生も犠牲にする面はあります。

でも、子供の将来を決める期間なのだと思えば、目先の自分の安楽《あんらく》をむさぼってはいられないと思っていました。

子供が勉強している間は、テレビは見ない

私は、子供が勉強している間は、テレビは見ないと決めていました。中学受験も、大学受験のときもそうでした。

「勉強しなさい」とは言いませんでしたが、テストの結果が悪かったときには「やるべきことをしていないから、これだけしか点が取れなかったんでしょう」などと、厳しいことも言っていました。そう言いながら私だけテレビを見ていたのでは、子供はどう思うでしょう。

命令だけして、親はいい気なものだと思って、あまり頑張ろうという気持ちにならないのではないでしょうか。

逆に、親が自分の楽しみを我慢しているとわかると、ことに小学生くらいだと「一緒に頑張っているんだ」と、励みにも思うようです。

確かに私は怖い母親だったかもしれません。でも、親が禁欲的にやっていることは子供にも伝わります。厳しくしつけたり、ガミガミ言っても、それは愛情が自分に向いているからだとわかるのです。

今なら、小言《こごと》や命令ばかりして、自分はヨンさまやバラエティにくぎ付けになっているような母親もいるでしょうが、それでは結局のところ自分のわがままを子供に押しつけているにすぎません。

子供がいい学校に入ることも、それが親の見栄だったり欲望を満たしたいということだと、子供に簡単にわかります。「結局、親のわがままじゃないか」と子供に思われたら、やる気など雲散霧消《うんさんむしょう》してしまいますよね。

灘中を目指して二人が通った塾は、親にも非常に厳しい塾でした。送って行って、帰りも夜が遅いので、必ず迎えに行かないといけなかったのです。先生が「親がサラリーマンだと、子供の受験に協力してくれないから嫌だ」とおっしゃるくらいでしたから、ほとんど四六時中、塾にかかりきりだったような気がします。必然的に、子供たちが中心の生活になるわけですし、その分、親が犠牲になる部分が出てきます。

ただ、「最善を尽くせ」と子供たちに言っている以上、こちらも親としてできるだけのことをするのが当然です。大人と子供は違いますが、それは「自分で責任が取れる分だけ自由が大きい」ということであって、大人だから、単純にわがままが許されるわけではありません。

お金も時間も、自分で判断して使うことができますが、だからといって子供にゲームやテレビを禁止しておいて、親が好き勝手にしていいわけではありません。もっとも子供には、こうした理屈よりも、親の一生懸命さが大事なわけですが。

最近は「なぜ、自分が子供の犠牲にならなければいけないのか」と思う親も増えているようですので、老婆心《ろうばしん》ながら書き添える次第です。

最高の環境を用意するために親は労を厭《いと》わない

長男・秀樹が幼稚園に入ったのが昭和四十年です。知的なことに強い興味と才能を示していることはわかっていましたから、できるだけいいところに行かせたいと思って幼稚園も選びました。

当時は大阪に住んでいたのですが、そのころの幼稚園は、どこもお遊戯とかお絵かきとかが中心でした。でも少数派ながら、きちんとした私学の中には字まで教えるところがあったので、そんな幼稚園に通わせました。

小学校は普通の公立です。そうしたらミスマッチが起きてしまいました。小学校に入ると、ひらがなからまた教わるのですが、秀樹はもう覚えてしまっている。カタカナはもちろん漢字の読み書きもある程度できるようになっていたので退屈してしまうのです。前にも述べましたが、授業がつまらないらしく、立ち歩きをするようになりました。

秀樹だけを特別扱いしてくれというつもりはありませんでしたが、秀樹に「我慢しろ」というのも酷《こく》だと思いました。立ち歩きの原因までさかのぼって考えると、じっとしていられない性格もあったのですが、幼稚園をレベルの高いところに行かせたからだと気がつきました。でも「レベルの低いところに合わせなさい」という処世術を、小学一年生に教えるのはどう考えてもおかしい。

それに叱ったからといって聞くような子ではありません。それならば、秀樹に向くようなことをしなければいけないと思いました。

結局、二学期から大阪市内の、公立ですがレベルの高い小学校に転校させました。名門とされる小学校があったのです。越境入学といっても、当時は簡単にはできませんから、親戚の家に住民票を移して電車通学させたのです。

それで落ち着いたと思ったら夫の転勤で、小学校二年生からは東京・練馬の小学校に転校しました。負けん気の強い秀樹の性格と、大阪弁をしゃべるからということでいじめられたのは先に書いたとおりです。

ここでも二学期からは、千葉県の津田沼《つだぬま》の小学校に転校させました。折良く、夫の勤めるカネボウで新しく社宅が建ったのです。津田沼は関西系企業の社宅がたくさんある街でしたから、そこなら大阪弁を使ったからといっていじめられないだろうと考えて、そのためにわざわざ引っ越したのです。

一年生と二年生、どちらも二学期から転校することになったのですが、どちらのときも私は、子供を無理やり学校に適応させようとは思いませんでした。秀樹が抱えた問題の原因は、学校のレベルや、言葉が違うからといっていじめるほうにあったわけですから、そうではない環境を探したのです。

　小学二年生までに子供の教育のために二回も転校させたことを許して、「まるで現代の孟母三遷《もうぼさんせん》だ」とおっしゃる人もいましたが、最高の環境を用意するためには労を厭《いと》うことはできません。子供の教育を第一に考えると、そうしないではいられなかったのです。

和田家の習慣術 ⑪

一二歳までの子供に「基礎学力」を付けるために、親は労を厭わない

上には上があることを気づかせる

秀樹が小学四年生の中ごろ、夫が転勤になって東京から兵庫県《ひょうご》に引っ越しました。今もそうですが、兵庫県は私学が発達していました。勉強のできる子は灘中をはじめとする私学に進学するのです。よりよい環境をと願っていますから、私はやはり灘中に進ませたいと思いました。

最初、近所の奥さんが教えている塾に行きました。中学受験の大変さをいろいろと聞いていましたから、息子さんが灘に通っているということでそこに入れたのですが、生徒が四～五人という小さな塾だったので、たちまち一番になってしまいました。

一番になるのはいいのですが、努力もしないで達成できるとなると、やはり退屈や慢心が起こります。そこで、前にも述べましたが、ほどなくしてもっと規模の大きいT塾に移ることにしたのです。

T塾は、テストを何枚合格するかで到達段階を示す単位制のような勉強の進め方で、順位や成果がわかりやすい塾でした。そこでもどんどん追い抜いて、一年も前からいて三〇枚も合格しているような子も抜き去りました。一人だけ追い抜けなかったのですが、常に一位争いをするようなところまでになったのです。

でも、五年生の終わりくらいだったでしょうか。秀樹は模擬《もぎ》テストでかなりいい成績を取りました。T塾に持っていったら「これで安心していたら困ります。灘中を受験しようとしている子はもっともっとできますよ」と言われました。どうしてもトップあたりが指定席になってくると、緊張感も薄れてくるのでしょう。

だからといって「油断するな」と発破《はっぱ》をかけるだけでは、親の自己満足だけで意味がありません。上には上があることを、身をもって知らないと慢心も生まれます。六年生からはS塾という有名進学塾に通わせることにしました。

家も引っ越しをして、遠くなった塾への送り迎えのために、乗れなかった自転車の練習をしたのはこのころです。大阪の街なかで育った私は、それまで自転車すら乗る機会も必要もなかったのです。

「四〇の手習い」ではありましたが、S塾へ送り迎えしなければの一念でした。学校が終わる時間に、自転車で秀樹を学校まで迎えに行き、駅まで送り届けるわけです。

校門のところで母親が待っているのを、秀樹は格好悪いと言って嫌がりましたが、このことも「徹底的に協力する」という親の気迫を実感したと言います。

そのS塾は非常に厳しいスパルタ式でしたから、先にも書きましたが、できないとぼろくそに罵倒されます。秀樹はS塾に入ったときは、塾では真ん中よりやや上で、どうにか灘に入れるかどうかというところでした。切磋琢磨《せっさたくま》する環境があって、勉強にも身が入るようになったのです。

その結果が灘中の合格でした。やはり人間は環境で大きく変わるものだと思います。勉強をする子供に囲まれていれば勉強するし、怠《なま》けている集団の中では、一生懸命になれません。灘中、灘高が優れているのも、優秀な生徒たちに囲まれますから、自然に鍛えられるところがあるからでしょう。

子供が親の言葉を素直に聞くのも中学に入るまでですから、親がいい環境を用意することに力を注げるのも、一二歳までということになるわけです。

教育にだけはお金をかける姿勢を示す

昭和四十年代、夫の勤めるカネボウというと、世間では一流企業として知られていました。でも、サラリーマン世帯の家計は楽ではありません。苦しい中で、なんとか塾の月謝をやりくりしていました。子供が二人とも中学生になり、私学に通うようになったとたん、カネボウは四〇歳昇給停止を決めたのです。

どうにもならなくなって、実家の母にお金を借りにいくのが次男の役目だったことを、先に書きましたが、それ以前から子供たちには、家計が苦しい中から勉強に必要なお金を出しているのだと話していました。どんなに苦しくても、それをケチることはしないと決めていたし、言い聞かせてきました。

わが家は「子供中心家庭」というよりも「子供中心家計」だったのです。

余談ですが、灘校は私学の割に学費が安い学校でした。「灘の生《き》一本」で知られるように、灘は日本酒の産地で、五大酒造会社が学校のスポンサーなのです。また、お金持ちの多い地域にある学校でしたから、お金も時間もある親が多いのです。だから

PTAの役員なども、そういうお金持ちの人が、中一から高校を卒業するまでずっとしてくれるような学校だったのです。

次男は一点差で灘中に落ちて、大阪市内の私学に通っていたのですが、ここが大阪で一、二を争う学費の高さでした。灘の三倍くらいかかりましたから。

しかも灘は美術館を持っているくらいのお金持ちもいましたし、医者の子供はざらでしたが、一方で私たちのようなサラリーマン世帯の子供もいました。親が学校の先生という子供も少なからずいました。びっくりするくらい親の収入に格差がありました。でも、次男の通った学校は、見事なくらいに企業経営者などのお金持ちばかりで、次男も「何でうちだけ、こんな貧乏なんだろう」と思ったはずです。

そんな中で、私の実家にお金を借りに行くわけですから、嫌だったろうと思います。そして貧乏を脱出するのに必要なのは学歴だと強く感じたに違いありません。結果論ですが、それも世の中の厳しさを知る、実践教育だったと思います。

「食事」は子供にとってもっとも大事なもの

私は子供にだけはいいものを食べさせようと心がけました。私自身はもともと淡白なものが好きなのですが、成長期の男の子ですから、しっかりと肉を食べさせたかったのです。

自分はあまり肉が好きではなかったので、子供だけ特別メニューを作っていました。

レトルトカレーやインスタントラーメンがつぎつぎに登場する時代でしたが、私は絶対に手を抜きませんでした。食事はしつけと並ぶ教育の基本ですから、まずきちんとしたものを、きちんと食べさせなくてはいけません。

弁当にしても、朝食や夕食にしても、ここは踏ん張りどころだと思っていました。親が自分の仕事で手を抜いていては、「自分のやるべきことを一生懸命やる」ということの大切さが子供に伝わりません。

しかも体と脳にとって、食事は根本的に大事なことです。最近では、塾の帰りにコンビニや弁当屋に寄って、とりあえずお腹がふくれるものを入れるという子供たちも多いようですが、そんな食事を一年も二年も続けさせるのは本末転倒ではないでしょうか。

子供を勉強させる前に、まず自分が料理の勉強をしたほうがいいくらいです。

今はいくらだって手を抜こうと思えば抜ける時代ですから、それだけにきちんとした食事を作り続けることは大変です。でも黙っていては、親が食事を作るのは当然だと思ってしまうでしょうから、いかにそれが大変なことか、どんな工夫をしているのかを話してやればいいと思います。子供に「恩着せがましい」と言われるくらいでもいい。とにかく徹底的に繰り返し話して聞かせることが大切です。

親は言葉だけではなく、行動で示さないと子供はついてこない

最近、ときどき気がつくのは、自分の都合を優先する親が多いことです。「借りてきた映画のＤＶＤの返却期限なので、今日中に見なきゃいけない。だから夕食はレンジでチン」とか、「デパートで買い物しているうちに遅くなったので、地下でお総菜《そうざい》

を買ってきた」とか、当たり前のように言っている人を見聞きします。

「親の犠牲」ということにも関連しますが、親が禁欲的でないと、子供も自分の欲望や欲求を抑えることができません。我慢のできない子供が増えているのも、結局のところ、自分の都合や欲望を、権利として主張する大人が増えたからだと思います。

「子供が言うことを聞かない」「だらしない」という前に、親が自分の都合や欲求で、手を抜いていないかと振り返ってみてはどうでしょう。

子供には勉強できるようになって欲しい、でも自分の人生も楽しくやりたい。そんな虫のいいことを考えている親が多いのではないかと思います。

しつけでも勉強でも、子供に厳しくするのなら、自分もしっかり律しないと子供は納得しません。苦言を呈するようですが、最近は「他人に厳しく自分に甘い」大人が増えているような気がしてなりません。子供には勉強させておいて、親がバラエティを見て大声で笑っているようでは、やる気を削《そ》ぐだけですし、親の言葉に説得力がなくなります。

親が我慢しているのだという姿勢を見せると、子供も本能的に耐えることを覚えます。

昔は「子供は親の後ろ姿で学ぶ」と言ったものです。職人など、家業を学ぶという意味もありましたが、それ以上に自分の律し方やものごとへの取り組み方を、親の態度から学んだわけです。つまり、行動で示すことが大事なんです。

中学受験も、大学受験のときも私はテレビをほとんど見ませんでした。

なぜ勉強しなければいけないのか、学歴がないと将来どうなるのかなど、あれこれ言葉にした分、私が行動で示さないと、子供たちも納得しなかったと思います。

なぜ、自分の教えられる範囲で教えることが大切か

もうひとつ大切なのは、親が自分の教えられる範囲で、子供に勉強を教えることです。中学受験の鶴亀算《つるかめざん》は教えられなくても、国語の読解問題などは親のほうが得意なはずです。宇宙人的によくできた秀樹も、読解問題は苦手にしていました。

教えられるものは教えることで、親子のコミュニケーションも図れますし、子供がどんな勉強をしているのかわかります。それによって、子供は「親は自分に関心を持っているんだな」と思えるわけです。親として自分の子供が今、何を勉強していて、

何が得意で、何が苦手かくらいは把握しておかなくてはいけません。

そうでないと、成績が下がったり伸び悩んだりしても、「もっと頑張れ」と言うくらいしか対策ができなくなってしまいます。結局は自分に無関心なのだと、子供に感じさせてしまうことになります。塾や学校に預けっぱなし、任せっぱなしの問題と同じです。

少なくとも、どんな教材を使って、何をやっているかは知っていないといけませんが、子供に教えることで、そこはわかります。最低限の部分は押さえられることになるわけです。家庭教師に頼んだほうがいいところもあるでしょうが、最近は、高学歴な親も多いのですから、「この部分は親が教える」と主導権を持つことも大事だと思います。

子供の異変をすぐに察知するために

親は、客観的に子供の姿を知っておかなければいけません。本来、親は子供のことをいちばんよく知っている存在のはずです。

つまり、勉強をきちんとしているか、さぼっているかということだけでなく、行儀の善《よ》し悪《あ》しや素行《そこう》を含めて、子供の様子を知っておくことが大切です。

私は、秀樹がいじめられていたとき、当然、そのことを知っていましたし、知っていたからこそ秀樹を支える言葉をいろいろと用意して、投げかけました。

新聞などで、いじめで自殺した子供が報道されることがありますが、ときどきその親が「いじめられているのに気がつかなかった」「知らなかった」などと言っているのを聞くと違和感を感じます。子供を亡くされた方の悲嘆《ひたん》を思うと心苦しいのですが、自殺するほど重大な子供の異変に気がつかないということが、私には信じられません。

子供のことを知ろうという意識が希薄だから、気づかないのかもしれません。仕事が忙しかったり、他のことに興味を奪われてしまっていたのかもしれない。

放っておいても子供は大きくなりますから、子供を知ろうという意識が、最近の親には足りなさすぎるように思います。その気になれば、子供が学校で何をしているか、塾でどういう状態か、情報はたくさん集まります。

秀樹に関して言えば、まず弟が逐一《ちくいち》報告してくれました。下の子は、年長の兄弟の動向がとても気になるものらしく、よく見ているのです。学校でいじめられている話はもちろん、教師に喧嘩を売って立たされたことも、塾で怒鳴られていたことも、さっそく報告してくれていました。

知っていて学校に怒鳴り込んでいかないことと、知らないで沈黙していることは、まったく違います。子供の現状を把握しているから、秀樹に「いじめるほうが悪い。見返してやれ」と言えるわけです。いじめの事実を知らなければ、このような激励の言葉を投げかけることはできません。

親のネットワークは有用

兄弟がいなくても、たとえば同級生に聞くとか、その子のお母さんに聞くとか、情報を集める方法はたくさんあります。

その意味で、親のネットワークは大切です。

学校での様子や素行から、塾の善し悪し、受験情報まで、親のネットワークは大きな情報源です。噂《うわさ》話にすぎないことがあったり、情報の内容に玉石混淆《ぎょくせきこんこう》の面はありますが、大切なことに変わりはありません。要はそこでの情報に頼り切るのではなく、学校や塾の先生と話したり、子供に聞いたりしながら、総合的に判断するのが大事なのです。

私の場合、子供が小学校低学年のときは、ことさら親同士仲良くすることもなかったのですが、塾に行くようになると親のネットワークの大切さがよくわかりました。塾での様子はどうなのか、どんな勉強をさせたほうがいいのかなど、有益な情報が入ってきました。

灘校に入ってからも、親のグループから、「中だるみの時期があるそうだ」「高一までなら中だるみも、まあ大丈夫」などという情報が入っていたので、落ち着いて子供を見守ることができました。こういうことは、経験者から聞かされると納得できます。

子供が反抗期であっても、親のネットワークがあれば、ある程度は全体像がわかります。家で接しているのとは違う角度から見られますから、客観的に子供を知ることにつながります。

子供に過保護に接するべきときとは？

睡眠時間を削ってまでの勉強はさせませんでした。体が健康であってこそ、成績にも学歴にも意味があります。受験に合格しても、そこがゴールではありません。自分で稼いで食べていくには、まさしく「体が資本」です。体をこわしたのでは元も子もありません。

成功者はすべからく、太く短くではなくて、長く続けられる人です。大企業の出世レースでも、健康でないと勝ち残れません。

食事をきちんと取らせたり、睡眠不足にならないように、とにかく気をつけていました。受験勉強は長丁場ですし、身体的にも精神的にも安定していることが大切です。目先のテストなどより、日々ちゃんと食べて、ちゃんと寝ることのほうが大事だと考えていました。

子供たちの体を心配するということでは、確かに私は過保護だったかもしれません。

風邪を引けばすぐに医者に連れて行きました。子供たちからは、少し大げさだとも思われたようですが、私にすれば理由がありました。

次男が三、四歳のころ、脱水症状を起こして死にかけたことがあるのです。ただただ元気になって欲しいと祈ることしかできなくて、途方にくれるだけでした。このときのことを思い出すと、今でも目の前が暗くなる思いがします。

それがトゲのように心に刺さっていますから、体の不調はちょっとしたことでも、すごく気になったのです。

でも子供たちからすると、日ごろは厳しいけれども、食事や睡眠には気を使うし、体を心配してくれる母親は、手前味噌《てまえみそ》ですが安心感を与える存在だったと思います。

最近、秀樹から聞いたのですが、これは精神医学の面からも理にかなっているのだそうです。「具合が悪くて免疫力が落ちているときは、気分が少し鬱《うつ》っぽくなるので、そこで構ってもらえると強く愛されている感覚になる」「風邪などで寝込んでいるときに見舞いに来てくれた相手を好きになる心理と同じ」だと言うのです。

普段は甘えられるのが苦手な私でしたが、子供たちが体調を崩したときは本当に心配でかいがいしく世話をしましたから、余計に愛情を感じてくれたのかもしれません。

ともあれ、それだけ親が自分のことを心配してくれていると思えば、子供も自分の体を大切にしなければならないと思うようになります。「命あっての物種《ものだね》」ということを子供に教えるのが、母親のいちばん大事な仕事だと思います。

和田家の習慣術 12

子供の食育に手を抜かないことが、子供に「体が資本」を教える、いちばんの方法

教育ママ、過保護ママの批判に動じない

子供たちは二人揃って体が弱かったものですから、しょっちゅう医者に連れて行っていました。これも前に述べましたが、丹後半島の夫の実家に行くと必ずお腹をこわすものですから、「過保護にするからひ弱なのだ」と批判されました。

しかし、自分の子供を守るのは親である自分です。何かとあげつらう夫の実家や親戚が、うちの子供を普段から守ってくれたりはしません。つまらない批判は聞き流して、病院が必要なら連れて行けばいいと思っていましたし、そうしました。

カネボウの社宅では近所の人から「そんなに塾に行かせないと灘には行けないんですか」と言われました。うちは例外的でしたが、名門企業の中で、わりと出世している人の入っている社宅でのんびりした人も多かったのです。当時は、中学受験のために塾に行くことが、それほど一般的でもありませんでしたから、奇異に思われたようでした。

そこには「お金がないのに勉強ばかりさせて」という批判も交じっていました。

でも、うちにはうちのやり方があります。塾にも嫌々《いやいや》行っているのではなく、子供たち自身が、レベルの高い勉強をしているのを喜んでいるわけです。それを親が支援して、難癖《なんくせ》をつけられる筋合いはありません。またそうされたからといって、路線を変えるつもりもありませんでした。

それだけ本気で子供たちのことを思っているのは、自分だけだという確信がありました。だから、無責任に批判する人たちの言葉に動じることもなかったのです。

第5章　子供が問題を抱えたとき、親に何ができるか

自分だけは最後まで味方だと子供に実感させる

たとえ成績に差があっても、兄弟には同じ素質がある

何度も触れてきたことですが、秀樹は宇宙人みたいな子供でした。字を覚えるのも早かったし、算数も得意。知的な好奇心が強かったので、学校の勉強では物足りないような子供でした。

一方、次男は普通に優秀な子供でした。落ち着いて人の話を聞くこともできるし、周囲に合わせることもできるので、いじめられることもありません。ただ、飛び抜けて勉強のできる兄に比べられるので、かわいそうでした。

あるとき、こんなことがありました。社宅でも、秀樹の優秀ぶりは有名でしたから、夫の勤めるカネボウでも、噂になっていたのだと思います。

夫が次男を連れて街を歩いていたら、会社の人に出会ったらしいんですね。

夫は、「この子が有名な賢いお子さんですか」と聞かれて、「いや、アホのほうの子でんねん」と言ってしまったんです。夫は謙遜《けんそん》したつもりかもしれませんが、次男はかなり傷ついたようです。夫の能天気《のうてんき》さに呆《あき》れるやら腹が立つやらで、絶句してしま

いました。

秀樹も弟に勉強を教えながら、厳しいことを言っていたようですが、私は兄弟二人とも同じように優秀だと、ずっと信じていました。

弟も、小学生のころの成績では兄に一歩譲ったものの、負けん気ではひけをとりません。秀樹のように、反発したり仕返しするようなところがないだけで、「兄のように褒められたい」「自分だってできる」という思いの強さは、私にはわかっていました。

よしよしかわいそうに、などと慰めたりこそしませんでしたが、「あなたも勉強すれば必ずできる」「秀樹にだって追いつける」とことあるごとに繰り返して、私が信じていることを言葉にしてきました。

うちの二人の息子は一歳違い、いわゆる年子《としご》です。年子というと「大変そう」「難しそう」と思うのが一般的ですが、アメリカのケネディ家では、年を離さずに子供を作って、子供同士を競争させて育てたのだそうです。私はそこまで考えていたわけではありませんが、結果としてそういうよさもあったと思います。

兄弟全員が東大、という話もときどき聞きますが、一人は東大だけれども、もう一人は無名の大学というケースのほうが多いかもしれません。あるいは一方がぐれてしまったという話もよく聞きます。

でも、本来は兄弟は同じような素質を持っているはずです。兄弟にもし極端な差がついたとすれば、一方のプレッシャーに負けてしまったり、親がどちらかにかかりきりになってしまって、目を離してしまったからではないかと思うのです。

たとえある時期、兄弟の一方の成績が思うようにふるわなくても、二人とも同じ素質を持っているんだ、ということを信じさせることができれば、賢い子のプレッシャーで、もう一方が押し潰されて、ぐれたりすることはないはずです。

それにはまず、どちらも同じ能力を持っていると親が信じてやることが大事です。

親はどんなときに「辛抱」しなければいけないか

私は怒りっぽいほうですし、しつけなどでは言葉より先に手が出ることも多かったのですが、自分でも驚くほど我慢できることがありました。

たとえばS塾で授業に立ち会っていると、子供がボロカスに先生に怒られていいます。でも、その塾と先生を信じて入れたわけですから我慢して見守るしかありません。また、秀樹には私が教える必要などありませんでしたが、次男には公文《くもん》の問題集などを一緒に解いて教えていたりしたのです。なかなか理解できないところがあっても、カッとなって声を荒《あら》らげたりはしなかったのです。

秀樹も弟の勉強を見ていましたが、自分にはわけもなくできたことが、弟にはなかなかわからなかったりすると怒鳴りつけたりするのです。その分、私は自然に見守る役目になっていたのかもしれません。

ときには子供をじっと見守る「辛抱」が必要です。学校でいじめられたり、先生に怒鳴られたとき、すぐに駆けつけて庇《かば》っていたらどうなるでしょう。辛いことに耐えたり、自分で解決しようとできる人間になれるでしょうか。子供に「生きる力」を植え付けるには、親にも我慢や辛抱が求められるのです。

誤解のないように書き添えますが、いじめについては放置しているのではありません。子供ひとりで悩まないように、いつも親が味方についていることを教えてやるのです。

私の場合は「勉強して、見返してやれ」と言っていましたが、その子に合った言葉や行動が必要です。本来、子供の性格や能力をいちばんわかっているのが親なのですから、「生きる力」を育てる一言が必ず見つかるはずです。

最近のいじめは陰湿化してるそうですから、放置するのは危険です。学校の先生に伝えたほうがいいと思いますが、その際も「うちの子がいじめられている。どうしてくれる！」と、糾弾《きゅうだん》するのではなく、「学校でいじめられているようです。様子を見ていていただけませんか」と相談するような自制心が大切だと思います。

優秀すぎる兄を持った次男の苦労

問題集などで難問にぶつかったとき、秀樹は「なんでこれが解けないんだ」とキーキー言いながら、一日かかっても二日かかっても解いていました。

次男はというと、ずいぶんすんなり早く解けたなと思っていたら、後ろの解答を見ているような子でした。塾で受ける模擬テストでも、秀樹や他の子供たちが「だいたいできた」などと言っていると、次男も「できたできた」って言うのです。でも、できていないんです。

家に帰って問題をもう一度解いてみると秀樹はだいたい合っているのですが、次男は間違いだらけでした。

模擬テストには親もついていくのですが、帰りに一緒に食事をするのが楽しみでした。

二回目に受けた総合の模擬テストで、秀樹は西日本二位でした。S塾の成績では真ん中から少し上くらいでしたから、先生もびっくりして、それ以来、厳しい先生が秀樹には甘くなりました。次の模擬試験では、西日本一位でしたから、その弟である次男にも、当然のように先生の期待がかかります。でもその期待に応えるのは難しく、ボロカスに罵倒《ばとう》されていましたから、私も辛い日々でした。

中学生になった秀樹に弟の勉強を見るように頼むと、しばらくするとやはり「どうしてこれがわからないんだ！」といらつく声が聞こえてきます。弟のほうもいじけてしまって「もうわかった」と言ってしまいます。

そのころ秀樹は、よその子の父親に、灘中受験のための勉強を教えていました。灘中に五番で入ったという評判を聞いて、ぜひにと言って頼まれたからで、その父親は秀樹に勉強を教えてもらって、それをうちに帰って子供に教えるのです。そのときには親切に教えているのに、弟にはずいぶんと厳しい兄でした。

結局、父親にレクチャーした子も灘中に合格したのですが、うちの次男は不合格でした。

次男は、灘中を受験するにはぎりぎりの成績でした。S塾の先生からは少しランクを落とせば確実だからそちらを受験するように勧められたのですが、本人は「絶対に灘を受ける」と言い張って受験したのです。S塾では、受験会場まで団体で出かけて受験することになっていましたから、塾に内緒で受験した次男は、秀樹が保護者代わりで付き添いました。

合格発表の日、私は所用があって一緒に行くことができなくて、秀樹がまた一緒に行きました。私は「自分がどうしても受験したいと言ったのだから、落ちても胸を張って帰ってきなさい」と言っておいたのですが、この一言が原因で、またかわいそうなことになってしまいました。

「おめでとう」「よかったねぇ」と知り合いから電話がかかってくるのです。次男が胸を張って笑顔で歩いていたので、勘違いされたのです。しかもわずか一点差で次点になっていたことがわかり、本当に辛かっただろうなと胸が痛みました。

子供を信じて、見守らなければいけないとき

灘に受からなかった次男は、大阪のＳ学院中学に入学しました。灘と、灘の次にレベルの高い中学は受験日が同じなので受けることができず、Ｓ学院の二次試験を受験して入ったのです。

大阪ではトップクラスといわれる私学ですが、当時は、灘をはじめとする難関中学の受験に失敗した子供が二次試験を受ける学校でした。でも、そのころから進学実績も上がって人気が出てきていて（といっても、当時は京大に年に五人受かるくらいの進学実績だったのですが）、次男が入学した翌年から二次試験はなくなりました。

次男は「自分の努力が足りないから、こういう結果になったのだ」と痛感していたと思います。私はそうしたことを小学生のときから言い続けてきましたから。

でも、これで人生での負けが決まったわけではないと、教えなければいけません。一度の失敗であきらめてしまっては、それまでの努力はムダになりますし、この先のはるかに長い人生をもあきらめてしまうことにつながります。

私は次男に、「負けん気」と「基礎学力」はしっかりと身に付いていると信じていました。先に述べたように一二歳までの大きな目標はそこにあったからです。負けん気は灘中への挑戦とその後の態度でよくわかりましたし、難関中学にわずか一点差まで迫ったのですから、基礎学力にまったく問題はありません。

このころ、私がしたことは「信じて見守ること」でした。

中学の途中ぐらいから高校にかけて、腹痛を訴えてすぐに帰ってきた時期がありました。ときには通学途中に、お腹が痛くなってそのまま帰ってきたこともありました。一時期は出席日数もギリギリでした。

もともと不本意な学校だったことに加えて、S学院では中間試験や期末試験などの成績がずらっと発表されるのです。次男はいい成績で入っていますから、上位の成績を保たなければいけないことも重荷だったようです。

最初は心配しましたが、腹痛も精神的なものだとわかって、やはり見守るしかないと覚悟を決めました。

高校に進むとき、灘高に再挑戦したいと言い出しましたが、S学院で大学受験まで頑張るように説得しました。「大学で挽回《ばんかい》すればいい、灘高から進学するのと同じ大学に入ればいい、あなたなら入れる」と言ったのです。それには自分で復活するしかありません。

その後、受験校を決めるときになって京大文学部に進んで哲学科に入りたいと言い出したのですが、さすがにそれでは就職が心配です。家族総出で東大文Ⅰを勧めたのは、先に触れたとおりです。

受験勉強の進め方や東大受験のコツは秀樹が教え、現役で合格することができました。前の年に東大理Ⅲに入学した秀樹のことを、誰もが「すごい」と賞賛していましたから、次男も「自分だって」という持ち前の負けず嫌いを発揮したにちがいありません。

東大文Ⅰへの現役合格は、S学院が始まって以来、次男が二人目でした。

灘中に入って成績が急降下した秀樹に、どう対応したか

中学に入るまでは親の力が大きいのですが、そのあとはやはり子供自身に勉強する意志がないと、成績は伸びません。

灘中に五番で入った秀樹も、油断からか、あっという間に百番台に落ちてしまいました。先生に注意されましたし、「せっかくいい成績で入ったのにもったいない」とも言われました。私も、このままでいいのかと一応は言いました。

成績が急降下したといっても、高校一、二年のときで真ん中の下くらいですから秀樹も「学部を選ばなければとりあえず東大に入れるだろう」くらいのつもりだったらしく、あまり熱心に勉強していなかったのです。それにこのくらいの年齢になると、親が言っても素直に聞くものではありません。

灘は、勉強するもしないも本人次第だからと、放っておく学校です。厳格なカリキュラムを作ったり、尻を叩いて勉強させることはありません。生徒は自分で将来を考えたり、勉強の方法を見つけたりするわけで、やはり本人がしたくて勉強するから伸びるのです。

あまり勉強しないのに真ん中くらいの成績でいられるのが私には不思議なくらいでしたが、秀樹は海外留学をしたくて、英語だけは一生懸命に勉強していたようでした。

高校生の交換留学を進めているアメリカン・フィールド・サービス（AFS）とい

う団体があって、そこの試験を受けていたのです。そのころは高一、高二で合わせて兵庫県の枠が三人ということでした。

高一のときに受けたのですが、高二の人に勝てなくて落ちてしまったのです。だからといって、勉強そのものに興味を失ったりはしないと思っていましたし、また熱を込めて取り組むときが来ると信じていました。

それに秀樹は、日ごろの成績よりも模擬試験の成績がよかったですから、本番の試験には間に合うだろうと、見守ることにしたのです。

東大を受験するにしても、高校の途中まで、文Ⅰだろうかと思っていました。それがいつのころからか理Ⅲだと言い出しました。法学部に行っても、結局サラリーマンになるしかないと思ったところに、なりたかった映画監督への早道は医者になることだと考えたからなのだそうです。

ともあれ、自分で目標を決めてからは、本気になって受験勉強に取り組むようになりました。

子供を見守る前提は「信頼」と「覚悟」

一度、秀樹が「もう灘をやめたい」と言い出したことがあります。私は「もう行かなくていいよ。明日からでも」とハッキリ言いました。自分が選んだことを、親が協力して行かせてあげたのです。私が下手《した て》に出てまで、行ってもらうというのは筋《すじ》が違います。怒ったりはしませんでしたが、気に入らなければ、いつでもやめて結構。どうぞやめなさいと腹をくくっていました。

秀樹自身、今まで一生懸命やってきたことがムダになるのです。これまでの努力を思い出し、明日からの人生を考えて、それでも行きたくないならばやめてもいい。本心からそう思ってました。

こうした、今までの人生を否定したくなるような時期も、子供にはあるかと思います。そのとき親が少しでも耳に届くことが言えるのか、さらに子供も親の言葉を受け入れられるのかは、それまでの人生でどう子供と接してきたかが分かれ道になるのではないでしょうか。

つまり、本気で接してきたか、子供を信じて見守ってきたかが問われるわけです。これまでの育て方が如実に表われてくるのが、こういうせっぱ詰まった場面でしょう。

成績優秀だったのに家庭内暴力をふるうようになった息子を、親が殺してしまう事件が、うちの子供が高校生くらいのときにありました。その後、浪人中の息子が金属バットで親を殴り殺す事件も起こりました。こうした事件が起きるのは、親が子供におもねってきた結果だと思います。忌憚《きたん》のない意見を言わせてもらえば、そういう子供を育ててしまったのは親の責任です。

確か、金属バット事件の父親は東大卒で兄も有名大学に入ったエリート一家でした。しかし脱落した子供を凶行に走らせてしまったのは、それまでの子育てが失敗だったという他ありません。その後も、家庭内暴力がエスカレートして親が殺される事件が起きましたが、甘やかされて育った子供が、中学生くらいから暴発しているケースがほとんどです。

家庭内暴力が始まったとき、子供を受け入れることが愛情だと考えて、わがままも暴力も無制限に許してしまうなど、私には信じられません。

私は子供が小さいうちから、いいこととダメなことをハッキリ教えて、「不良になったら私も生きてへん」と本気で言ってきました。本当に刺し違えるくらいの気持ちで怒っていました。勉強がすごくできたからといって、それだけで他のことをすべて許すことなど、絶対にできません。

子供を信じて見守ることと、子供のわがままを無制限に認めることはまったく違います。こうしたことが区別できていない親では、子供に分別が育ちません。

命がけで産んだ子供ですから、育てるのも命を張る「本気」と「覚悟」があってしかるべきでしょう。

だからこそ信頼関係が生まれるのだし、親は腹を据えて見守ることができるのだと思っています。

和田家の習慣術
13

反抗期の子供は、これまでの子育てを信じて腹を据えて見守る

子供の純粋さには、現実主義で向き合う

秀樹たちが小学生のころ、昭和四十年代の中ごろは学生運動が活発でした。東大の安田《やすだ》講堂で学生と機動隊が攻防戦を演じたり、その結果、東大入試が中止になったりと大騒動になっていました。

高学年のころには、過激派が跋扈《ばっこ》するようになります。日航機を乗っ取って、北朝鮮へ渡った「よど号」のハイジャック事件もありました。さらには連合赤軍による衝撃的な「浅間山荘事件」が起きました。武器を持った過激派の学生たちが、女性の人質を取って山荘にたてこもり、機動隊と銃撃戦を演じた大事件です。

こうした事件や世相は、私の子供たちも将来、学生運動に走るのではないかという恐怖を呼びました。だから事件が伝えられるたび、私は「あんなふうになったらあかん」と繰り返し子供に言い聞かせました。

とくに秀樹は、頭もいいし変わり者だし、早くから新聞を読んでいて社会への興味も持っているようで、すごく心配だったのです。親戚にもひとり、過激派になって頭《とう》

角《かく》を現わし、幹部になった人がいたので、余計に不安になりました。

親にしてみれば、賢いと思って一生懸命に育てて、東大などの一流校に行ったとたん過激派になってしまうというのは最悪のシナリオです。過激派に入れるために、こんなに頑張っていたわけじゃないという思いも当然あるでしょう。

まして武器を持って他人を脅したり傷つけたり、ものを破壊するなどは理屈はどうあれただの犯罪者です。

過激派やいわゆる「赤《アカ》」になっても、世の中は変わりません。社会に矛盾《むじゅん》を感じて、世の中を変えたければ、偉くなるのが早道なのだと、こんこんと説明しました。本気で繰り返しましたから、小学生にもわかったと思います。

理想主義的な建前ばかりでなく、現実的にそれがどれだけ「損」かを話しました。

秀樹たちが高校生になってからも、過激派だった親戚を引き合いに「学生運動は絶対に損だ」と教えていました。この人は結局、就職できなくて自営業を始めました。純粋でいい人なのですが、結婚もできません。

彼が商売を始めることができたのも、親に資産があったからですから、うちなら惨《みじ》めな暮らしに甘んじるしかない――こうした話をよくしていました。私の中では、独り立ちして自分で食べられるようになってもらいたいという思いは、常に一貫していたのです。

親だけは最後まで子供の味方

「信頼関係」というと抽象的になってしまいますが、味方だと思ってくれている状態と考えればいいのです。私は子供にとって最後まで、自分だけは味方であると感じさせなければいけないと思ってきました。

たとえば、もしいじめられた原因の一端が自分の子供にあったとしても、「あなたも悪いのだから○○ちゃんに謝りなさい」などと言えば、母親も自分の味方じゃないのかと裏切られたような気がするでしょう。これでは子供はますます孤独になって、相談したことでかえって辛くなるばかりです。

勉強に付ききりになるのなら「お前が得をするためなんだ。私は味方なんだから、それを応援するよ」とわからせることが必要です。そうでないと、ただの見張りにすぎず「自分は信用されてないのだ」と、心を閉ざす原因にもなりかねません。

私は、「お母さんは無条件にあなたの味方」「いつも最大の愛情をかけている」と子供に伝えることに心を砕いていました。言葉にもしましたし、毎日の食事から塾への送り迎えなど、子供と接することすべてに、それが念頭にありました。

子供はいろいろなことでつまずきます。親が手助けしすぎたり、甘やかしたりしすぎて、つまずいて転んだ経験がないと、かえってよくありません。成長するにつれて、つまずき方も大きくなり親の心配も大きくなりますが、「親が自分の味方だ」と本当にわかっていたら、乗り越えていけます。

私は二人の子供を育てて、つくづくそれを実感しましたし、その思いは、孫が成長してきた今も変わっていません。

終章　子供を信じ抜けてこそ親

子供は親次第、自分の責任を肝に銘じる

純粋無垢《むく》といえば聞こえはいいですが、子供とはひとりでは何もできない、何も知らない存在です。ただ体が小さくて、年齢が低いというだけではないのです。そんな子供を、社会の中で暮らしていけるように「生きる力」を付けるのは親しかいません。

繰り返し述べてきたように私は、基本的な「行儀」を身に付けさせることや、勉強を好きにさせて「基礎学力」を身に付けさせること、「負けん気」を教えることは親の責任だと思ってきました。これはとくに中学に入るまでに、絶対にしておかなければいけないことです。

学校や社会が教えるのではなく、「親」のするべきことです。私はここが、今、一部の親たちでいちばんよくないと思っていることなのですが、問題が自分ではなくて外にあると考える風潮が許せません。

子供がいじめられた、勉強しなくて学力低下になる、行儀が悪くて社会性がないと

いった不都合の原因を、学校が悪い、社会が悪いとまず犯人捜しをして他人のせいにするのは間違いです。確かに学校にも社会にも問題はあるでしょう。だからといって、親の責任がなくなるわけではありませんし、犯人を見つけたからといって、子供に「生きる力」が付くわけではありません。

また、電車で騒いだり勉強嫌いなのを子供のせいにするのも間違っています。最低限、人に迷惑をかけないことや、知らなかったことを覚えたり、新しいことができるようになるのは楽しいことだということを、子供に教えてこなかった親の責任です。「子供の個性」などといって、自由にのびのびさせたほうがいいという意見は昔からありましたが、最近は自分が楽をしたいから、しつけもせずに放任している親も多いようで気になります。責任逃れの言い訳が「個性」や「学校のせい」になっているのではないでしょうか。

子供の人生に対する責任は自分が負う、ちゃんと育て上げるという気合いが、子育てには絶対に必要だと思います。

「自分が大事」で「他人任せ」は論外

子供が生まれると、それから二〇年間は子育てのために時間を割《さ》くことになります。自分の人生がなくなってしまったように感じる若い人も多いのでしょう。だからといって、適当に放任して育てていると子供は自分たちの世代より、確実に貧しく不幸になります。

「仕事が忙しいから、四六時中、子供の勉強を見ていられない」という人もいるかもしれません。

でも、そこで放任してゲームばかりして勉強嫌いの子供になってしまうと、子供は将来、定職に就くことすら難しくなります。厳しいようですが、それが日本の現実です。忙しくてもお金がなくても、なんとか工夫しなければどうしようもないのです。度《ど》し難《がた》いのは「自分の時間を楽しみたい」「子供の犠牲になりたくない」という考えの親たちです。そんな人たちも、親が一生懸命に育ててくれたから、学校にも通えて仕事にも就けたわけでしょう。自分は楽しみだけを享受して、それが制限されそうになると「損だ」「不幸だ」と言い立てるのはどういうことなのでしょう。

少子化対策として「社会全体で子育てできるようにしよう」というのも結構ですが、子育ての責任は自分で負うという前提なしに、「社会全体で」が当然であるかのように求めるのは、他人任せの悪《あ》しき風潮を助長するだけだと思います。

子供よりも自分が大事な親が少なからずいますが、当たり前のように他人任せを勧めることになったら論外です。

私は、自分の考えで思うように子供を育てたいと願い、実際にそうしてきましたが、もちろん母親だけが責任を負うわけではありません。一般的には、子供をひたすら保護しようとするのは母親の役割で、父親は社会を生き抜く力を教えるのだとされています。

役割分担が逆になってもかまわないし、ひとりだけで担当してもいいのです。「夫が協力してくれない」「母子（父子）家庭だから……」という場合も、親にはこの二つの役割があるのだから、一方だけにならないよう気をつければいいのです。

私もこの「一人二役」でやってきましたが、かえって責任感と気合いがみなぎったような気がします。

和田家の習慣術 14

子育ての責任は「社会」でも「学校」でもなく、すべて「親」にある！

あきらめることの危険性

1章で述べたように、日本は勝っている人間がますます有利になる、競争社会になっています。今さらのように「それはよくない」「問題だ」などと言われていますが、すでに現実である競争社会にどう対処するのかが重要なのであって、「だから私は不幸なのだ」と嘆いたり恨み言を言っていても、誰も助けてはくれません。

競争を避けて、趣味に合った自分らしい暮らしをしたいというのも一つの価値観です。だから「どうせウチはダメだから」とあきらめる人もいます。でも、それは最初から将来の選択肢を奪っていることになるのです。

勉強をしなかったとき、学歴がなかったときは本当に悲惨なことになります。

今の日本には世界を相手に活躍するスポーツ選手や、数百億も稼ぐＩＴ長者もいるのですが、一方で、働きたくても働けない人が激増しています。

どこの会社も正社員は本当に優秀な人だけに絞って、あとは派遣社員やパート、アルバイトでまかなうのが当たり前になっていて、できるだけ正社員のクビを切って減らしたほうが、「いい会社」として株価も上がるのです。

最近、NHKで日本の若者をテーマに、世の中はこれからどうなっていくのかを討論する番組がありました。スタジオに集まった若者は口々に「働きたくても仕事がないからフリーターをしている」「自分の通う大学では二割しか就職できない。それも真っ先にリストラされる使い捨て要員だ」などと、ときには目を潤《うる》ませながら実情を話していました。

日本の社会があまりにも急速に変わったので、当事者以外は気がついていないようなのですが、やはりそれが現実なのです。

よく言われることですが、正社員とフリーターでは生涯賃金で二億円の差がつきます。フリーターの場合、一生、月一〇万～二〇万円くらいの給料に甘んじなければいけません。狭いアパートに住んで食うや食わずの生活をして、結婚だって難しくなります。一緒に暮らすことはできるでしょうが、子供ができるとたちまち貧乏を再生産することになってしまいます。

「どうせダメだ」とあきらめてしまうのは、こうした危険がものすごく大きいことを、どれだけの人がわかっているのでしょうか。

勝っている人ほど有利なのは事実ですが、お金持ちの子供ほど勉強をしていないという現実もあります。つまり、貧乏人でも勉強すればまだチャンスがあるわけです。

子供の能力を最後まで信じ抜く

灘中、灘高の生徒は「やればできる」ことを身をもって知っています。自分の能力に自信を持っていて、「どうせダメだ」とあきらめたりしないから、実際にできるようになるのです。逆に二流以下の学校では「難しいことはわからない」「やったってダメだから」と、挑戦する気概さえ弱いのです。

本来なら二流以下の生徒にこそ、あきらめて何もしなかったらますます悲惨な人生になることを、教えてやらなくてはいけません。

大学でもまったく同じです。東大などの一流大学の学生ほど、自分を信じる力が強いのです。「自分ならできる」と思えるからこそ、行動力も出てきます。

秀樹も学生時代から、本業の医学の勉強以上に、雑誌記者の仕事をしたり塾を開いたりしていました。ちゃんと勉強もしているのだろうかとも思いましたが、自信に裏付けられた行動力は、親の目から見ても驚きでした。

二流以下の大学となると「どうせ自分たちなんて」と卑下してしまうことが多いようです。就職に際してそれが顕著《けんちょ》に表われるようで「こんな一流企業には相手にしてもらえないだろう」と、最初から敬遠してしまうのです。

これは自分を客観視しているのではなくて、自分が信じられないがゆえの臆病、勇気のなさだと思います。確かに門前払いを食わされることが多いでしょうが、「どうせ」という覇気《はき》のなさが致命的なのではないでしょうか。学力もバイタリティも低くては、企業の門戸が開かれないのも当たり前かもしれません。

別の言い方をすると、偏差値で区分するのではなく、自分を信じている学生が多いのが一流大学、卑下する学生が多いのが二流以下とも区分できそうです。

結局のところ、親が「どうせウチの子なんか大したことない」と思ってしまったら、子供は自分の能力を信じられるでしょうか。卑下するような子供の育ってきた環境をさかのぼると、教育に関心のない親や、負けることに慣れてしまった親にたどり着くのではないかと思います。

つまり、それだけ親の責任は大きい。子供の能力を親が信じなくて誰が信じるのでしょう。入試であれ何であれ、子供が何かに取り組んでいるとき、その能力を最後まで信じること――それが、親の最大の務めだと思うのです。

和田家の習慣術 ⑮

子供の能力を信じ抜く親の愛が子供に「自分ならできる」という自信を与える

（この作品『子供を東大に入れるちょっとした「習慣術」』は、平成十八年二月、小社ノン・ブックから四六判で刊行された『子供を東大に入れる母親のちょっとした「習慣術」』を改題した）

一〇〇字書評

切り取り線

購買動機（新聞、雑誌名を記入するか、あるいは○をつけてください）	
□（　　　　　　　　　　　　　）の広告を見て	
□（　　　　　　　　　　　　　）の書評を見て	
□ 知人のすすめで	□ タイトルに惹かれて
□ カバーがよかったから	□ 内容が面白そうだから
□ 好きな作家だから	□ 好きな分野の本だから

●最近、最も感銘を受けた作品名をお書きください

●あなたのお好きな作家名をお書きください

●その他、ご要望がありましたらお書きください

住所	〒				
氏名		職業		年齢	
新刊情報等のパソコンメール配信を 希望する・しない	Eメール	※携帯には配信できません			

あなたにお願い

この本の感想を、編集部までお寄せいただけたらありがたく存じます。今後の企画の参考にさせていただきます。Eメールでも結構です。

いただいた「一〇〇字書評」は、新聞・雑誌等に紹介させていただくことがあります。その場合はお礼として特製図書カードを差し上げます。

前ページの原稿用紙に書評をお書きの上、切り取り、左記までお送り下さい。宛先の住所は不要です。

なお、ご記入いただいたお名前、ご住所等は、書評紹介の事前了解、謝礼のお届けのためだけに利用し、そのほかの目的のために利用することはありません。

〒一〇一‐八七〇一
祥伝社黄金文庫編集長　吉田浩行
☎〇三（三二六五）二〇八四
ohgon@shodensha.co.jp

祥伝社ホームページの「ブックレビュー」からも、書けるようになりました。
http://www.shodensha.co.jp/bookreview/

祥伝社黄金文庫

祥伝社黄金文庫　創刊のことば

「小さくとも輝く知性」——祥伝社黄金文庫はいつの時代にあっても、きらりと光る個性を主張していきます。

真に人間的な価値とは何か、を求めるノン・ブックシリーズの子どもとしてスタートした祥伝社文庫ノンフィクションは、創刊15年を機に、祥伝社黄金文庫として新たな出発をいたします。「豊かで深い知恵と勇気」「大いなる人生の楽しみ」を追求するのが新シリーズの目的です。小さい身なりでも堂々と前進していきます。

黄金文庫をご愛読いただき、ご意見ご希望を編集部までお寄せくださいますよう、お願いいたします。

平成12年(2000年)2月1日　　祥伝社黄金文庫　編集部

子供《こども》を東大《とうだい》に入《い》れるちょっとした「習慣術《しゅうかんじゅつ》」

平成20年6月20日　初版第1刷発行
平成22年7月25日　　　第2刷発行

著　者　和《わ》田《だ》寿《す》栄《え》子《こ》

発行者　竹内和芳

発行所　祥《しょう》伝《でん》社《しゃ》
東京都千代田区神田神保町3-6-5
九段尚学ビル　〒101-8701
☎03(3265)2081(販売部)
☎03(3265)2080(編集部)
☎03(3265)3622(業務部)

印刷所　錦明印刷

製本所　積信堂

ISBN978-4-396-31456-9 C0137

祥伝社のホームページ・http://www.shodensha.co.jp/

祥伝社黄金文庫

石田　健　1日1分！英字新聞

超人気メルマガが本になった！〝生きた英語〟はこれで完璧。最新英単語と文法が身につく。

石田　健　1日1分！英字新聞Vol.2

「早く続編を！」のリクエストが殺到した『1日1分！英字新聞』第2弾！〈付録〉「英字新聞によく出る英単語」

石田　健　1日1分！英字新聞Vol.3

最新ニュース満載。TOEIC、就職試験、受験によく効く「英語の特効薬」ができました！

石田　健　1日1分！英字新聞Vol.4

最新ニュースがサクサク読める！「継続は力なり！」が実感できる！バラエティに富んだ120本の記事。

石田　健　1日1分！英字新聞プレミアム

超人気シリーズが今年はさらにパワーアップ！　音声サービスで、リスニング対策も万全。

石田　健　1日1分！英字新聞プレミアム2

累計40万部の人気シリーズ!!　TOEIC Testや受験に効果大。英単語、文法、リスニングが身につく!!

祥伝社黄金文庫

片岡文子
1日1分！ 英単語
TOEICや入試試験によく効く！ ワンランクアップの単語力はこの1冊で必要にして十分。

片岡文子
1日1分！ 英単語 ちょっと上級
日本語訳は似ているのに、実はまるで違う単語。ニュアンスがわかれば、使える語彙は増える。

片岡文子
1日1分！ 英単語 ビジネス
ニュアンスの違いがわかれば、使える語彙はどんどん増える。ワンパターンの表現じゃ、いい仕事はできません。

志緒野マリ
たった3ヵ月で英語の達人
留学経験なし、英語専攻でもなし。たった3カ月の受験勉強で通訳ガイドになった著者の体験的速習法。

志緒野マリ
これであなたも英会話の達人
ベテラン通訳ガイドが「企業秘密」を初公開！ 外国人と会話を楽しむワザが笑いながら身につく。

志緒野マリ
今度こそ本気で 英語をモノにしたい人の最短学習法
本気でやろうと思う人にだけ、「本当に価値ある方法論」をお教えしたい。

祥伝社黄金文庫

神辺四郎　超難問196で身につく日本語力
あかんべえ、ありきたり、ぼちぼち、うっかり、むくれる…漢字にすると本当の意味と語源が見えてくる！

柚《ゆの》木《き》利博　漢字検定どんとこい！
4大特色①3級漢字を完全網羅②よく出る問題順③出題パターンを徹底分析④知識が増える楽しい解説。

柚木利博　読める漢字書けない漢字
「チクジ刊行」は逐次？　逐時？「頒布」の読みは？　漢字で恥をかきたくない人、必読の一冊。

川島隆太　読み・書き・計算が子どもの脳を育てる
脳を健康に育てる方法を、東北大学・川島教授が教えます。単純な計算と音読の効果。

鈴木　博　わが子を活《い》かす一言、潰《つぶ》す一言
どうしたら子供に〝やる気〟を出させることができるか？　五千人を超す実体験から掴んだ秘訣を大公開！

山下真奈　わが子を強運にする51の言葉
人間関係、仕事、お金…豊かに生きるヒントが満載！　700億円企業創業者の「運」を味方にする言葉。

祥伝社黄金文庫

浜野克彦　お母さん《かあ》が教える子供の算数

学校に任せていられない〝算数好き〟になるコツ、10点アップの方式、教えます。

片山　修　トヨタはいかにして「最強の社員」をつくったか

〝人をつくらなければ、モノづくりは始まらない！〟トヨタの人事制度に着目し、トヨタの強さの秘密を解析。

片山　修　なぜ松下は変われたか

松下復活の物語は、日本再生の指針である。特別書下ろしを加え、「中村革命」の全貌に迫る。

林田俊一　黒字をつくる社長 赤字をつくる社長

頑固でワンマンで数字に弱い社長。ものも言えない取り巻きたち。気鋭のコンサルタントが明かす社長の資質。

林田俊一　赤字を黒字にした社長

今こそ社長以下、全従業員が結束を！　評論家ではない現場の実務者が明かす企業再生への道標。

朝倉千恵子　1日1分！　ビジネスパワー

仕事、楽しんでますか？　カリスマ・セールスレディが実践している、成功を加速させる方程式。